昌邑古迹通览

昌邑市博物馆 编

主编 ◉ 刘乃贤

执行主编 ◉ 王伟波

科学出版社

北京

内 容 简 介

本书按照古遗址、古墓葬、古建筑、石窟寺及石刻、近现代重要史迹及代表性建筑五类顺序，系统全面地介绍了山东省昌邑市第三次全国文物普查登记的不可移动文物，图文并茂，集科学与大众普及于一体，可供从事历史、考古、文博和美术史方面的研究人员及文物考古爱好者阅读、参考。

This book introduces the immovable cultural relics of the third national survey on cultural relics in Changyi City, Shandong Province, according to the order of ancient sites, ancient tombs, ancient architectural structures, cave temples and carved stones, important modern historical sites, and typical buildings. It is available to researchers of history, archaeology, art history and cultural relics.

图书在版编目（CIP）数据

昌邑古迹通览 / 刘乃贤主编；昌邑市博物馆编．—北京：科学出版社，2012
 ISBN 978-7-03-033666-8

Ⅰ.①昌… Ⅱ.①刘…②昌… Ⅲ.①文物—介绍—昌邑市 Ⅳ.①K872.523

中国版本图书馆CIP数据核字（2012）第031267号

责任编辑：刘能 / 责任校对：张怡君
责任印制：赵德静 / 装帧设计：北京美光制版有限公司

科 学 出 版 社 出版
北京东黄城根北街16号
邮政编码：100717
http://www.sciencep.com

文物出版社印刷厂 印刷
科学出版社发行　各地新华书店经销

*

2012年3月第 一 版　　开本：889×1194 1/16
2012年3月第一次印刷　　印张：18 3/4
字数：530 000
定价：350.00元
（如有印装质量问题，我社负责调换）

《昌邑古迹通览》编委会

顾　　问：谢治秀　严文明　李伯谦　李水城
　　　　　由少平　郑同修　王守功　何德亮
主　　任：吕珊珊
副 主 任：于冬菊　于卫东
主　　编：刘乃贤
执行主编：王伟波
编　　辑：(按姓氏笔画为序)
　　　　　王君卫　刘洪波　刘　辉　任友令　孙志强
　　　　　张　蕙　赵　静　党　浩　徐　勇　徐晓宁
　　　　　郭长波

齐东非野人矣？有文明

参观昌邑市博物馆有感

严文明 二〇〇〇年四月廿日

序一
PREFACE

《尚书·禹贡》载："海岱维青州，潍淄其道。"潍河流域自古以来就是海岱之间的政治、经济和文化中心。昌邑地处潍河中下游，在漫长的岁月中，勤劳、智慧、勇敢的昌邑先民谱写了波澜壮阔的诗篇，留下了数量众多的不可移动文物。它们不但是昌邑历史文明的集中体现，也是中华文物宝库中的无价瑰宝。

昌邑历届党委、政府高度重视文物保护工作，坚持以邓小平理论和"三个代表"重要思想为指导，深入贯彻落实科学发展观，不断探寻不可移动文物与现代化城市建设及经济发展的和谐共生，文物保护工作有了长足进步。

2007年，第三次全国文物普查工作开展以来，昌邑市紧密按照上级部署，高质高效地完成了目标任务，不可移动文物登记总量及新发现率均居全省前列，新发现的昌邑古代盐业遗址群、姜泊村民居群、潍河碉堡群以及数量众多的古城址、古墓葬及碑刻等尤其引人瞩目。2010年7月，昌邑的三普工作代表我省接受了国家文物局三普办对山东省第三次全国文物普查实地调查阶段工作的验收，得到了专家组的全面肯定和高度评价，为全省赢得了荣誉。同年，昌邑市博物馆被省文化厅授予"山东省文物保护工作先进集体"称号。以上成绩的取得，离不开各级政府的正确领导和相关部门的积极协作，更是凝聚了一线同志们的心血和汗水，因为来之不易，所以愈显珍贵！

党的十七届六中全会吹响了文化大发展大繁荣的号角，新的形势对文物保护工作提出了更高的要求。在下一步的工作中，如何保护利用好普查成果，是摆在我们面前的一个大课题。要破解这一课题，就要求我们在保护、开发、利用这一宝贵资源的过程中，必须以发展的战略性眼光，从对国家、对历史和对人民负责的高度，从维护国家文化安全的高度，深刻认识文物保护的意义及其对经济社会发展的作用，切实做到科学保护、有序开发、合理利用。要充分发挥文物本身所具有的文化教育作用、鉴古知今作用和科学研究作用，充分利用文物资源的独特优势，积极参与和文物工作有关的国民经济建设，推进旅游业和相关产业的发展，培植新的经济增长点，提高文物事业对经济社会发展的辐射力和贡献率，使文物保护进一步融入人们的生活、融入社会发展、融入城市文化，成为改善和优化经济社会发展的人文环境，促进文化产业开发和构筑地方经济发展的新引擎。

《昌邑古迹通览》是昌邑市第三次全国文物普查工作成果的概括和总结。它的编纂和出版，不但是对昌邑不可移动文物资源的全面宣传与展示，也为下一步做好文物保护工作提供了重要参考。

"潮平两岸阔，风正一帆悬。"作为一名昌邑人，我为家乡文物事业取得的可喜成绩感到由衷骄傲，并更加殷切地希望家乡能够抓住机遇，率先开拓，再创辉煌。

二〇一二年三月

序二
PREFACE

　　古城昌邑，历史悠久，人文荟萃。经过深入调查和反复研讨，详细记载昌邑第三次全国文物普查登记的不可移动文物的《昌邑古迹通览》一书即将付梓。该书分为古遗迹、古墓葬、古建筑、石窟寺及石刻、近现代重要史迹及代表性建筑五大部分，图文并茂、内容翔实，真实、全面地展示了昌邑悠久的历史和厚重的文化积淀。该书的出版，不仅对全市文物古迹的保护和利用将起到重要的推动作用，而且对繁荣昌邑文化、优化人文环境、建设和谐社会将产生积极而深远的影响。

　　近年来，市委、市政府在全力推动经济社会更好更快发展的同时，始终坚持把文化建设放在全市大局的重要战略位置上来抓，特别是高度重视文物保护工作，不断完善组织领导、资金投入、协作联动"三项机制"，全面夯实工作基础，文物保护工作成绩斐然，城市文化软实力显著提升。从2007年第三次全国文物普查全面启动以来，全市共登记不可移动文物1022处，登录国家数据库783处，实现了七大古城址、多处典型周代遗址等发现的八大突破，其中昌邑古代盐业遗址作为"黄河三角洲古代盐业遗址"的组成部分，入选"全国三普百大新发现"；山东省文物局批准在昌邑设立"山东古代盐业遗址博物馆"。

　　文化淬炼时代精神，文化凝聚奋斗力量。党的十七届六中全会的召开，昭示着文化改革发展的春天已经到来，市第十三次党代会、市经济工作会议先后做出了全力打造昌邑特色文化品牌、加快建设文化强市的决策部署。全市上下特别是宣传文化战线，要抢抓发展机遇，充分挖掘昌邑文化资源优势，自觉保护和合理利用文物古迹资源，大力发展文化事业、文化产业，更大力度、更有成效地推动文化建设与经济建设、政治建设、社会建设以及生态文明建设的协调发展，努力为建设富强文明和谐幸福的滨海特色城市做出新的更大的贡献！

马跃启

二〇一二年三月

前言 FOREWORD

昌邑历史悠久，文物遗迹众多。但由于种种原因，2007年之前，全市仅拥有不可移动文物33处。正因为如此，长期以来，社会上形成了"昌邑无文物"的论调，整个文博事业也进入了进退维谷的境地。2007年4月，第三次全国文物普查工作的正式启动，为改变这一不利局面提供了历史机遇。

在昌邑市委、市政府的正确领导下，市博物馆本着对历史负责的态度，严格遵照上级部署，精心组织，强化措施，创新方法，扎实工作，经过5年的辛勤付出，圆满地完成了"三普"各个阶段的目标任务，取得了丰硕成果。我市共发现、复查各类不可移动文物1022处，登录国家数据库783处，登记与登录总量均居全省前列。

5年来，普查队员表现出了高度的职业道德，铸就了"团结协作、争创一流、吃苦耐劳、无私奉献"的普查精神。

实地调查阶段任务繁重，是整个三普工作成败的关键。在实践中，我们确立了"全民动员、三级联动、重点突破、科学推进"的工作思路，坚决按照"村村到"的要求，对全市1669平方千米的土地和690个村（社区）进行了"地毯式"徒步调查。截至2009年11月，全面完成了辖区内不可移动文物的现场勘查、测量、标本采集、资料征集工作。为确保万无一失、应查尽查，2009年12月至2010年3月20日，我们又对重点区域进行了"查遗补漏"。两年多的时间里，普查队员人兼数职，沐风栉雨，披星戴月，每天野外工作时间都在10小时以上，日均徒步考察20多千米，克服了难以想象的困难，付出了超常的劳动。

室内资料整理更是三普工作的难细之活。从绘制图纸，分类照片，到比对资料，文本审查，最后录入专用普查采集软件，生成一条基础普查数据，无不要求普查队员掌握娴熟的专业技能。普查队员刻苦钻研掌

山东省文化厅副厅长、省文物局局长谢治秀，潍坊市文化局局长盛兆辉，昌邑市市长张新强到昌邑市博物馆调研三普工作

山东省文物考古研究所所长郑同修到昌邑指导三普工作

山东省文物考古研究所副所长王守功到昌邑指导三普工作

昌邑市市委书记马跃启、副市长李平到昌邑市博物馆调研三普工作

昌邑市市长吕珊珊到昌邑市博物馆调研文博工作

昌邑市副市长于冬菊到昌邑市博物馆调研文博工作

新技术，夜以继日，反复修改，不断完善，使普查成果更为规范、记录信息更加准确。正是凭着这种全情全心地拼搏投入，圆满编录完成了《昌邑市第三次全国文物普查不可移动文物登记表》等各类档案表格，并从无到有，建成了高标准的标本室、资料室。

普查成果构成了一个丰富的文化资源宝藏。不仅表现在数量多、种类全，而且具有很高的质量，实现了八大突破：一是上台村遗址、蔺家庄村遗址等新石器时代遗址的发现，填补了潍河下游地区此类遗址发现的空白；二是山阳村遗址、石埠西村遗址、南店村遗址等多处典型周代遗址的发现，在胶东地区西缘实属罕见；三是鄑邑故城、都昌故城、下密故城、密乡故城、平城故城、高阳故城、昌邑县城七大古城遗址的发现与确定，基本确立了昌邑市不可移动文物的分布框架；四是火道—廒里村、东利渔村两个古代盐业遗址群的发现，改写了齐国盐业史，是渤海南岸发现的最大的古代盐业遗址群，也是目前国内发现的最具价值的古代盐业遗址群之一；五是近百处高密度汉代大型墓群的发现，证明昌邑市境是两汉时期北海文化圈的核心区域；六是发现的大批宋代至民国时期碑刻，具有重要的文献、艺术价值；七是姜泊村民居群、齐西村民居群、夏店村民居群等具有历史、人文价值的乡土建筑的集中发现，形成了山东民居的昌邑类型；八是发现的昌邑抗日殉国烈士祠、潍河碉堡群、峡山灌区工程等近现代重要史迹及代表性建筑，具有鲜明的时代特征，是我省此类遗存的代表。以上突破，在国内外文博、考古学界引起了重大反响。

2009年7月，实地调查阶段工作进入收尾阶段，第七批全国重点文物保护单位、第四批山东省文物保护单位的申报工作适时开展。为此，我们又及时提出了"提升普查成果，打造文物强市"的工作目标，积极组织申报工作。借助实地调查阶段取得的丰硕成果，在复查与新发现的不可移动文物中，筛选鄑邑故城遗址、潍河碉堡群等具有重要价值的10处申报第七批全国重点文保单位，昌邑抗日殉国烈士祠等13处申报第四批山东省文物保护单位，上报总量居潍坊市第一。

有耕耘就有收获！

2010年4月22～23日，昌邑市第三次全国文物普查实地调查阶段工作接受了山东省文物局普查办的验收，验收结论为"优秀"。

2010年4月25日，山东省文物局与北京大学联合举办的"黄河三角洲盐业考古国际学术研讨会"期间，国内及来自美国、加拿大、法国、德国、墨西哥及港台地区考古领域的知名专家学者、媒体记者80余人实地考察了火道—廒里村盐业遗址群，参观了博物馆标本室，昌邑古代盐业遗址群的规模与内涵震撼了世界考古学界。

2010年7月21～22日，昌邑市作为山东省第三次全国文物普查实地调查阶段整体验收点，代表山东省接

普查队员测量流一村石桥

普查队员盛夏调查齐西村民居群

普查队员冒雪对山阴村碑刻现场录像

夜幕降临普查队员尚坚持工作

普查资料室内整理

山东省文物局三普办验收组对昌邑三普工作进行实地验收

马跃启书记陪同国家文物局第七批全国重点文保单位审核专家组考察姜泊村民居群

"黄河三角洲盐业考古国际学术研讨会"期间，国内外专家实地考察火道—廒里村盐业遗址群1号遗址

北京大学严文明、李伯谦、李水城教授对火道—廒里村盐业遗址群105号遗址产生浓厚兴趣

国家文物局三普办验收组对昌邑三普工作进行实地验收

受了国家文物局普查办的验收，各项工作得到了验收组的全面肯定。

2011年1月，昌邑市博物馆被山东省文化厅授予"全省文物保护工作先进集体"荣誉称号。昌邑市古代盐业遗址作为"黄河三角洲古代盐业遗址"的组成部分，入选"山东省三普十二大新发现"。

2011年6月，昌邑市古代盐业遗址保护项目被列为国家文物局"十二五"保护规划——齐文化片区—黄河三角洲片区重点项目。

2011年11月，昌邑市古代盐业遗址保护项目被列入山东省文博事业"十二五"发展规划——黄河三角洲片区省级重点工程。山东省文物局批准在昌邑市设立"山东古代盐业遗址博物馆"。

2011年12月，昌邑市古代盐业遗址作为"黄河三角洲古代盐业遗址"的组成部分，入选"全国三普百大新发现"，并与昌邑抗日殉国烈士祠、广刘村雁翅坝、潍河碉堡群一起入选"山东省三普百大新发现"，入选数量居全省县区前列。

当前，文化发展已成为社会进步的重要指标，新的形势对文博工作提出了更高的要求。在今后的工作中，我们将戒骄戒躁，凝心聚力，全面提升昌邑文博事业的实力和服务经济社会发展的能力。我们坚信：在党的十七届六中全会精神的指引下，昌邑文博事业新局面的蓝图，一定会在我们这一批文博人的手中绘就！

刘乃贤　王伟波

二〇一二年三月

目 录
CONTENTS

序一

序二

前言

古遗址

奎聚街道

上台村遗址／002

昌邑县城遗址／003

虫埠村遗址／003

东隅村崇圣教寺遗址／004

蔺家庄村遗址／004

都昌街道

南店村遗址／005

都昌故城遗址／006

申明亭村东岳天齐王庙遗址／007

史家洼子村遗址／007

白玉村遗址／007

双台一村遗址／008

王耨村金顶山玉皇庙遗址／008

西马埠村东南遗址／008

长流埠村元宝埠遗址／008

龙池镇

东利渔村盐业遗址群／009

营子埠村遗址／010

瓦北村孙膑庙遗址／010

鄑邑故城遗址／011

柳疃镇

河崖村古庙遗址／012

卜庄镇

小刘家村遗址／012

前卢家村遗址／013

高家村烽火台遗址／013

柳家村遗址／013

围子街道

下密故城遗址／014

密乡故城遗址／014

饮马镇

兴会庄子村遗址／015

平城故城遗址／015

山阳村遗址／015

北孟镇

李戈庄一村化石遗址／016

大望仙庄村遗址／017

千戈庄村遗址／017

高阳故城遗址／018

高阳村堡陔寺遗址／018

石埠经济发展区

流一村遗址／019

晴埠村遗址／019

石埠西村遗址／019

卢元村遗址／020

董家庄村遗址／020

下营镇

火道—廒里村盐业遗址群／021

廒里村古沉船遗址／022

古墓葬

奎聚街道

虫埠村傅振邦墓／024

虫埠村傅眉卿墓／025

虫埠村墓地／025

关龙村墓地／026

石湾店南村墓地／026

王葛山下村墓地／027

东店村翟瓒墓／027

东店村王健庵墓／027

文山汉墓／028

五里村东北汉墓／028

五里村西南墓地／028

西关村邢氏墓地／029

于家山下村墓地／029

中台村墓地／029

都昌街道

北褚村墓地／030

北马埠村墓地／030

豹埠营村墓地／030

长流埠村刘氏墓地／031

陈家洼子村北墓地／031

陈家洼子村西南墓地／031

东褚庄村墓地／031

东大营村墓地／032

西大营村墓地／032

东侯富庄村墓地／033

东化埠村墓地／033

高家道照村墓地／033

黄家辛戈村黄福及其家族墓地／034

黄家辛戈村黄元御墓／035

蒋家庄村墓地／035

两埠村墓地／036

刘家北逯村刘克孝墓／036

刘家北逯村墓地／036

马家村西南墓地／037

马芝村墓地／037

南褚庄村北墓地／038

南褚庄村西墓地／038

南店村墓地／038

南候章村墓地／039

前埠村隋氏墓地／039

前埠村壁画墓／040

申明亭村东墓地／041

申明亭村西墓地／041

双台二村墓地／041

双台一村壁画墓／042

双台一村墓地／043

双台一村李氏始祖墓／043

辛置三村墓地／043

辛置二村墓地／044

王家埠村汉墓／046

王耨村白杨埠墓地／046

王耨村东埠墓地／046

王耨村金顶山墓地／047

王耨村南埠墓地／047

王耨村西北埠墓地／047

王耨村西南墓地／047

西马埠村南墓地／048

肖家埠村肖氏始祖墓／049

西化埠村墓地／049

徐林庄村徐氏祖茔／049

徐林庄村西南汉墓／050

徐林庄村马桩埠墓地／050

兴福村墓地／051

巡保村墓地／052

中侯富庄村侯运昌墓／052

渔埠村孙氏始祖墓／052

榆林村墓地／053

张固村墓地／053

豹埠营村张志栋墓旧址／053

中侯富庄村墓地／054

中裴庄村北墓地／054

中裴庄村西墓地／054

柳疃镇

后青村林李氏墓／055

卜庄镇

李家抚宁村墓地／055

围子街道

董家隅庄村才子坟／055

宋庄村徐启亨墓／056

梁家郚村墓地／056

梁家郚村张松乔墓／056

姜家庄二村李氏祖茔／056

西冯家庄村彭越冢／057

羊山子村墓地／057

邹家庄村掷女台／057

饮马镇

山阳村汉墓／058

徐家庙子村于始瞻家族墓地／058

左家营子村古墓／058

北孟镇

杜卢村汉墓／059

高阳村高阳侯冢／059

前周家七沟村周来兴墓／060

角兰村古墓／060

石埠经济发展区

董家庄村董文戬墓／061

埠头村战国墓／061

林家埠村汉墓／061

晴埠村刁琪墓／062

西金台西北村李大成墓／062

古建筑

胶莱运河昌邑段／064

奎聚街道

虫埠村傅振邦故居／065

姜氏祠堂／066

南隅村姜家大湾／067

中庄头村红崖堤／067

文山古井／067

南庄头村圩墙／068

都昌街道

刘家辛戈村刘乃赓故居／068

西马埠村圩墙／069

长流埠村刘氏家庙／069

龙池镇

岱邱村郝家大井／069

东白塔村陈氏家庙／070

柳疃镇

高隆盛村古庙／071

高隆盛村古井／072

柳疃村古井／072

西玉皇庙村古井／072

刘家车道村刘氏家庙／073

卜庄镇

韩家抚宁村韩氏家庙／073

李家抚宁村雁翅坝／073

北张村抚宁堤／074

刘庄村雹泉爷庙／074

姚家村古井／074

马疃村石桥／075

王家抚宁村圩墙／075

小韩家村土地庙／075

围子街道

崔家村土地庙／076

于家部村育秀桥／076

乔家村乔氏家庙／076

饮马镇

小营村隋氏家庙／077

饮马西北村饮马桥／077

吴沟村圩墙／078

北孟镇

大南孟村吴氏家庙／078

朱阳前村郭记烧锅胡同／079

朱阳前村古井／080

前周家七沟村古井／080

老匙沟东村石桥／080

小南孟村刘氏家庙／081

北孟一村刘瀛海故居／082

小望仙庄村刘氏家庙／082

石埠经济发展区

初家营村圩墙／082

陈家流河村全神庙／083

红卫村三官庙、关帝庙／083

西金台村古井／084

西金台村玉龙井／084

西金台村古楼／084

石窟寺及石刻

奎聚街道

草庵村节孝傅氏墓道碑／086

草庵村张存三暨配常氏墓碑／086

石臼村石臼／087

石臼村董梦花暨配初氏墓碑／087

虫埠村傅振邦官衔碑／087

高家道照村高怀芳墓碑／088

五里村碑刻／088

黑埠村碑刻／088

高家岔河村旗杆石／089

建设村重修增福庙碑／089

石湾店南村韩氏祖茔赡田记／089

蔺家庄村水利碑／090

蔺家庄村潍河桥梁碑／090

蔺家庄村万善同归碑／090

南庄头村石函／091

王葛山下村王掇芳暨配汪、刘氏墓碑／091

王葛山下村王召堂暨配潘氏墓碑／091

辛置三村魏公暨配褚氏墓表／092

辛置三村魏氏墓茔志／092

吴家辛庄村吴克思墓碑／092

吴家辛庄村吴子云墓碑／092

杨家洼村碑刻／093

徐家鄑水村徐氏祖茔碑／093

东逄翟村翟耀东善行碑／094

张家辛庄村张氏祖墓碑／094

于家山下村重修文山庙宇碑／094

都昌街道

南店村碑刻／095

东永安村丛氏先茔碑／095

东永安村重修孙膑、王母庙碑／096

家庄村碑刻／096

前南逄村黄中洲暨配韩氏墓碑／097

榆林村史云祥妻王氏节孝碑／097

南鄑亭村天语扬贞碑／097

南鄑亭村节妇王刘氏碑志铭／098

南兴福村林氏先茔碑／098

南兴福村林云峰墓道碑／098

马家村碑刻／099

史家洼子村史氏祖茔碑／100

巡堡村史庭辉门生碑／100

角埠村刘氏始祖墓碑／100

王耨村碑刻／101

双台一村碑刻／101

宋家楼村碑刻1／102

宋家楼村碑刻2／102

北马埠村韩学程妻于氏节孝碑／103

西马埠村碑刻／103

肖家埠村碑刻1／104

肖家埠村碑刻2／104

徐林止村碑刻／105

徐家北逄村徐月林暨配翟、魏氏诰命碑／106

徐家北逄村徐蕙暨配董氏墓碑／106

徐家北逄村徐经世暨配李、刘、翟氏墓碑／106

徐家北逄村徐乃铭暨配刘氏诰命碑／107

南裴庄村杨茂春暨配张、孙、王、孙氏墓碑／107

中裴庄村张文友暨配李氏墓碑／108

中裴庄村碑刻／108

龙池镇

油坊村陈氏节孝碑／109

油坊村魏养本门生碑／109

油坊村魏文江墓碑／109

东白塔村陈文惠墓碑／110

东白塔村碑刻／110

岱邱村迟氏祖茔碑／110

岱邱村迟元升暨配杨氏墓碑／111

岱邱村碑刻／111

岱邱村郝君惠墓碑／111

果园村王氏祖茔碑／112

王家庄子村低河石桥碑／112

楼子村范宗尧暨配杨氏墓碑／112

王范庄村节孝董氏墓碑／113

王范庄村王三杰暨配郝氏墓碑／113

王范庄村张继英暨配韩、温、刘氏墓碑／113

王范庄村张经元暨配刘、董、刘氏墓碑／114

王范庄村张美璧暨配刘氏墓碑／114

王范庄村张允恭暨配王氏墓碑／114

龙北村魏氏祖茔碑／115

齐西村齐恩铭墓道碑／115

齐西村齐梦弼墓碑／115

孙家庄村孙纯碬暨配魏氏墓碑／116

孙家庄村孙德杰暨配徐氏墓碑／116

瓦西村徐氏节孝碑／116

瓦西村赵英华暨配孙、王氏墓碑／117

马渠村魏协朋墓碑／117

石桥村翟承烈暨配魏氏墓碑／117

柳疃镇

北阎车道村碑刻／118

东高家庄村高支本墓碑／118

东高家庄村高克仕墓碑／119

后官庄村高秉礼暨配王氏墓碑／120

后官庄村逄国卿暨配傅、韩、陈、孙氏墓碑／120

后官庄村孙魏氏节孝碑／120

高隆盛村姜氏节孝碑／121

高隆盛村高瑞卿墓道碑／121

高隆盛村高锡爵墓道碑／122

西傅村傅清暨配李、赵氏墓碑／122

柳疃村韩天衢门生碑／122

柳疃村韩天衢暨配闫氏墓碑／123

柳疃村韩寿昌暨配傅、徐、寇氏墓碑／123

柳疃村韩维岳暨配孙氏墓碑／124

柳疃村韩信堂暨配杨氏墓碑／124

柳疃村重修小龙河石桥捐款商号碑／124

柳疃村重修小龙河石桥碑／125

东陈村韩慕渠暨配刘氏墓碑／125

横地村重修小龙河桥碑1／125

横地村新修小龙河石桥碑2／126

姜家寨村姜化坤墓碑／126

姜家寨村碑刻／126

太平集村节孝刘氏墓碑／127

太平集村徐长增墓碑／127

太平集村重修关帝、菩萨庙碑／127

金家庄村碑刻／128

孙家河滩村碑刻／128

孙家河滩村孙乐三暨配姜氏墓碑／129

孙家河滩村孙启泰墓碑／129

道岔村孙玉芳门生碑／129

西赵家庄村赵氏祖茔碑／130

前阎车道村阎敬宗暨配孙、孙、魏氏墓碑／130

河崖村王希洛弟子碑／130

西玉皇庙村重修玉皇庙碑／131

西玉皇庙村重修玉皇庙大殿碑／131

西玉皇庙村重修玉皇庙捐款题名碑／132

老官庄村节孝寇氏墓碑／132

渔尔堡村海神庙碑刻／133

新兴村碑刻／134

郭家车道村郭甸臣暨配徐氏墓碑／134

潮海村孟子楷暨配孙氏诰命碑／135

东申明亭村孙氏祖茔碑／135

辛安庄村王氏祖茔碑／136

郭家庄村碑刻／136

张家车道村张法彭暨配孙氏墓碑／137

张家车道村张瀛海墓碑／137

张家车道村张怀祖暨配安氏墓碑／137

张家车道村张弼教墓碑／138

张家车道村张兰台墓碑／138

张家车道村张迈众暨配孟氏墓碑／138

张家车道村张璺墓碑／139

张家车道村张氏始祖墓碑／139

张家车道村张太初墓碑／139

张家车道村张芸台墓碑／140

张家车道村张中由暨配孙氏墓碑／140

张家车道村重修普济庵碑／140

刘家车道村刘氏祖茔碑／141

刘家车道村刘芳洲暨配范、郭氏墓碑／141

刘家车道村王景福暨配孟氏墓碑／142

刘家车道村刘可禧墓碑／142

刘家车道村刘晋升暨配孙、黄氏墓碑／142

刘家车道村刘士可暨配冯氏墓碑／142

卜庄镇

义气村陈岳亭暨配朱氏墓碑／143

义气村马启机暨配丁氏墓碑／143

马疃村赵福堂节妻节孝李氏墓碑／143

马疃村王执铎暨配朱、邢、李氏墓碑／144

马疃村张子岫墓碑／144

马疃村众善题名碑／144

马疃村姜震泽暨配徐氏墓碑／145

马疃村耿顺思墓碑／145

马疃村朱鸣皋暨配王氏墓碑／145

毛家寨村郑氏节孝碑／146

毛家寨村翟海峰暨配孙氏墓碑／146
前张戈庄村李氏祖茔碑／146
大阎家村任世麟墓碑／146
小阎家村碑刻／147
肖家营村耿万载暨配赵氏墓碑／147
肖家营村节孝孙氏墓碑／147
肖家营村张氏节孝碑／147
北王村王心斋继配节孝高氏墓碑／148
新胜村贾莲芳暨配任氏墓碑／148
新胜村碑刻／148
于家抚宁村碑刻／149
营子村赵氏节孝碑／150
庄珂村碑刻／150
北张家庄村张炳寅门生碑／151
后王家楼村碑刻／151
白衣庙村二斗桥碑刻／152
白衣庙村三斗桥碑刻／152
王家庄村张西平父母诰命碑／152
东峰台村张氏支茔碑／153
东峰台村节孝许氏墓志／153
峰台村碑刻／153
大河北村孙氏祖墓碑／154
大河北村孙云瀚墓碑／154
大河南村碑刻／154
大河南村孙安邦暨配邢、于氏墓碑／155
大河南村孙卿云暨配耿氏墓碑／155
东河沟村石刻／155
东河沟村张公暨配鲁氏墓碑／156
东河沟村节孝于氏墓碑／156
东河沟村节孝朱氏墓碑／156
东河沟村张君赐及其兄弟墓碑／156
东河沟村张廷简墓碑／157
东河沟村张廷举墓碑／157
刘庄村重修鼋泉爷庙碑／157
西河沟村张介臣暨配室、马氏墓碑／157

西河沟村张氏节孝碑／158
西河沟村节孝胡氏墓碑／158
大李家庄村石像生／158
东辛庄村石牌坊构件／158
胡家道口村胡氏祖茔碑／159
胡家道口村胡更臣、朝臣墓碑／159
郝家庄村碑刻／160
李家泊子村碑刻1／160
李家泊子村碑刻2／160
李家抚宁村李希钦暨配张氏墓碑／160
李家抚宁村李升云善行碑／161
李家抚安村李兴斋暨配朱、马氏墓碑／161

围子街道
永兴庄村马辉著暨配宫氏墓碑／162
永兴庄村马均泰暨配孙、宋氏墓碑／162
永兴庄村马诚墓碑／162
永兴庄村马禄成墓碑／163
永兴庄村马让墓碑／163
东黄埠村马氏节孝碑／163
西小章村马氏祖茔碑／164
逄家庄村逄绪纲暨配孙氏墓碑／164
张董村韩培棠墓碑／164
乔家村乔麟公暨配节孝齐氏墓碑／164
东张庄村碑刻1／165
东张庄村碑刻2／165
西张庄村李福臣暨配邵氏墓碑／166
西张庄村李捷三暨配傅氏墓碑／166
唐家村碑刻／166
唐家村唐文秀暨配李氏墓碑／167
唐家村唐有训暨配卢氏墓碑／167
董含芳暨配宫王氏墓碑／167
天成店村刘思禄墓碑／167
天成店村刘元三墓碑／168
天成店村刘曰礼暨配姜氏墓碑／168
搭连营村王君赐墓碑／168

崔家村崔惠暨配陈氏墓碑／169
崔家村崔洛西暨配董、李氏墓碑／169
崔家村崔云和暨配节孝赵氏墓碑／169
四甲村马辉良暨配董氏墓碑／170
大官庄村节孝碑／170
大官庄村郭承业暨配萧氏墓碑／170
大官庄村孙清可墓碑／171
大官庄村王仲武暨配张氏墓碑／171
董家隅庄村重修天齐庙碑／171
董家隅庄村董保太妻林氏节孝碑／172
西辛村董曰宾暨徐、夏氏墓碑／172
大章村高伯相暨配夏、张氏墓碑／172
大章村高次平墓碑／173
大章村高鹏飞墓碑／173
宋东村会仙处碑／173
宋西村朱之玉墓碑／174
苏家部村姚场墓碑／174
苏家部村姚良民墓碑／174
梁家部村梁躬介墓碑／175
梁家部村梁躬谨暨配刘、张氏墓碑／175
梁家部村梁莲峰暨配翟氏墓碑／175
梁家部村梁瑟棠妻节孝朱氏墓碑／176
梁家部村梁锡荣暨配孙、王氏墓碑／176
梁家部村梁载道暨配刘氏墓碑／176
姚家部村姚树椿德寿碑／177
姚家部村姚公暨配董氏墓碑／177
姚家部村姚宝善暨配孙氏墓碑／177
姚家部村姚西园暨配于、姜氏墓碑／178
于家部村于公符墓表／178
于家部村于洪墓碑／178
刘家巷村刘大本妻孙氏节孝碑／179
刘家巷村刘重光暨配王氏墓碑／179
东王家庄子村刘敬亭暨配乔、张氏墓碑／179
东王家庄子村周钦光暨配邢氏墓碑／180

西岭村马传诗妻朱氏节孝碑／180

赵家庄子村碑刻／180

饮马镇

鳌头埠村碑刻／181

窑湾村王金镛暨配李氏墓碑／181

左家营子村董公墓碑／182

饮马西北村李才臣墓碑／182

饮马西北村碑刻／182

饮马西北村李绍庭暨配张、王、萧氏墓碑／183

饮马西北村杨德芳暨配姜、李氏墓碑／183

山阳村王中礼墓碑／183

山阳村温福暨配赵氏墓碑／184

长太屯村碑刻／184

长太屯村温次谦暨配李、王氏墓碑／184

山阴村碑刻1／184

山阴村碑刻2／185

北孟镇

朱家巷子村朱增礼暨配刘氏墓碑／185

常兴屯村毕振鎏暨配王、李氏墓碑／186

曹戈庄村曹李氏节孝碑／186

池后村昌邑仙池李氏先世善行碑／186

东高阳村重公高阳集碑／187

韩家高阳村韩希鲁暨配刘氏墓碑／187

高家屯村碑刻／187

朱家屋子村高明华暨配张氏墓碑／188

李戈庄二村刘邦庆德寿碑／188

李戈庄三村杨氏家庙碑／188

李戈庄三村杨升崧暨配朱氏墓碑／189

太平村刘廷桂墓碑／189

李家埠村李□氏节孝碑／189

李家埠村李尚杰墓碑／190

杜卢村卢云从暨配刘氏墓碑／190

北孟一村刘作栋暨配李氏墓碑／190

杜卢村朱长发墓志／191

杜卢村朱自正暨配韩氏墓碑／191

杜卢村卢国臣墓碑／191

杜卢村卢作法暨配胡氏墓碑／192

孙家营子村碑刻／192

曲家七沟村曲整暨配葛氏墓碑／192

万和屯村重修石桥碑／193

温胡村李刘氏节孝碑／193

北麻湾村王文灿妻节孝碑／193

朱家七沟村乡饮介宾朱公善行碑／194

前李家庄子村于启述暨配张氏墓碑／194

九龙屯村张华卿暨配于氏墓碑／194

后周家七沟村周天申暨配朱、邱氏墓碑／195

后朱家庄子村朱超贵暨配毕氏墓碑／195

后朱家庄子村朱起海暨配李、杨氏墓碑／195

后朱家庄子村朱丕睿暨配陈氏墓碑／196

朱家屯村碑刻／196

朱家屯村公湾公示碑／196

朱家村碑刻／197

石埠经济发展区

西孙家薛庄村陈述富妻李氏节孝碑／197

西孙家薛庄村孙为鸿妻李氏节孝碑／197

旗杆元家村元邦洵妻刘氏节孝碑／198

旗杆元家村元凤礼暨配宋氏墓碑／198

戴家薛庄村戴氏先茔碑／198

戴家薛庄村戴苌臣妻李氏节孝碑／199

戴家薛庄村戴文友暨配张氏墓碑／199

戴家薛庄村戴君治妻王氏节孝碑／199

戴家薛庄村戴毓瓒暨配王氏墓碑／200

李范村董存有暨配王氏墓碑／200

李范村董文富暨配李氏墓碑／200

李范村李克和暨配张氏墓碑／201

李范村李元暨配刘氏墓碑／201

李范村刘永辉善行碑／201

李范村刘永耀暨配孙、赵、李氏墓碑／202

西郭家庄子村范景可暨配马氏诰命碑／202

董家流河村董克圣暨元配李氏墓碑／202

西郭家庄子村穆启芳墓碑／203

西郭家庄子村于明俊暨配李氏墓碑／203

西郭家庄子村翟讷暨配孙氏墓碑／203

西郭家庄子村翟正德暨配节孝傅氏墓碑／204

傅家庄村碑刻／204

后柳杭村碑刻／205

东金台村李忾暨配王、王、李氏墓碑／205

东金台村李喜兴暨配王氏墓碑／206

东金台村李长民暨配张氏墓碑／206

后马兰屯村李永和暨配孙氏墓碑／206

石埠西村李昭信生坟记／207

石埠西村民国二十二年重修遇仙园碑／208

石埠西村泰山圣会众善题名碑／208

石埠西村同治十一年重修遇仙园碑／208

石埠西村张氏祖墓碑／209

石埠西村张次宪暨配孟氏墓碑／209

石埠北村翟存绪暨配周氏墓碑／209

石埠北村翟思武暨配孙氏墓碑／210

西刘家薛庄村刘朋乾暨配李氏墓碑／210

明家庄村碑刻／210

前史家庄村泰山老母香会众善题名碑／211

前史家庄村重修抚生大殿碑／211

前史家庄村重修青山庙宇碑／212

下营镇

冯家村冯氏祖墓碑／212

海眼村冯氏祖茔碑1／213

海眼村冯氏祖茔碑2／213

火道村节孝碑／214

火道村孙光玉妻刘氏节孝碑／214

火道村郝经亭暨配耿、孙、孙氏墓碑／214

北赵村李氏节孝碑／215

北赵村"民国十年"墓碑／215

火道村孙振兴墓碑／215

北二甲村谢斐卿暨配孙氏墓碑／216

北二甲村碑刻／216

常家村胡邦佑墓石刻／217

李刘村刘瑞堂暨配张氏墓碑／217

李刘村碑刻1／217

李刘村碑刻2／218

李刘村刘膺福妻朱氏节孝碑／218

王家庙村节孝碑／218

王家庙村重修老母庙碑1／219

王家庙村重修老母庙碑2／219

王家庙村重修老母庙碑3／219

王家庙村重修老母庙碑4／220

西下营村天妃宫碑／220

近现代重要史迹及代表性建筑

昌邑峡山灌区工程／222

奎聚街道

关龙村碉堡1号／223

关龙村碉堡2号／223

关龙村碉堡3号／223

关龙村碉堡4号／223

上台村碉堡1号／224

上台村碉堡2号／224

上台村碉堡3号／224

上台村碉堡4号／224

上台村碉堡5号／224

王葛山下村碉堡1号／225

王葛山下村碉堡2号／225

王葛山下村碉堡3号／225

王葛山下村碉堡4号／225

于山下村碉堡／226

中台村防空洞／226

南庄头村碉堡／226

昌邑县政府大门／227

中庄头村扬水站／227

董家城后村民居／228

石湾店南村民居／228

文山烈士陵园／229

潍河桥／229

虫埠村烈士碑／230

辛置二村魏升亭墓／230

辛置二村魏复元墓／230

都昌街道

东大营村碉堡／231

后伍塔村碉堡／231

西马埠村民居／231

后伍塔村小营口雁翅坝／232

岞埠村徐长庚故居／233

龙池镇

马渠村魏惜珍故居／234

马渠村八路军七支队联络处旧址／234

马渠村魏坚毅故居／234

北白塔村民居／235

昌邑县抗日殉国烈士祠／236

东白塔村陈干故居／237

东白塔村陈干墓／237

东白塔村陈希孟故居／238

东白塔村万里桥／238

东白塔"阜盛茂"故宅／239

齐西村民居／240

瓦北村民居／242

岱邱村张明照故居／243

岱邱村民居／243

柳疃镇

高隆盛村民居／244

南范家庄村范氏家庙／244

史家庄村史家大屋／244

南西高村高传惠墓／245

前青村烈士碑／245

西营村孙万春墓／245

东傅村傅仲达墓／245

卜庄镇

东峰台村民居／246

东任家村石桥／246

广刘村雁翅坝／247

广刘村扬水站／248

东冢区抗战殉国烈士墓园／248

大马疃村民居门楼／249

后张戈庄村民居／249

姜泊村民居／250

李家抚宁村李润芬故居／252

前张戈庄村民居／253

湾崖村民居／254

吕家村扬水站／254

夏店村民居／255

北王家庄村民居／257

前卜村徐洪亭故居／257

小阎家村入水闸／257

集东村张智忠故居／258

义气村张书绅墓／258

围子街道

围子村合盛号老宅／259

西辛村渡槽／259

崔家村民居／260

董家隅庄村民居／261

董家村石桥／261

赵家村礼堂／261

二甲村碉堡1号／262

二甲村碉堡2号／262

二甲村碉堡3号／262

葛家村潓河分水闸／263

西小章村马继禹墓／263

密埠店村四维中学旧址／263

北陶埠村民居／264

前陶埠村民居1号／264
前陶埠村民居2号／264
三大章村委旧址／265
宋庄村大队部旧址／265
唐家村氨水池／266
西丁村碉堡／266
东黄埠村民居／266
东黄埠村墓地／266
西黄埠村天主堂／267
姚家部村烈士碑／268

饮马镇

昌南县政府礼堂／268
山阳村防空洞／268
兴会庄子村王氏家庙／269
兴会庄子村民居1号／269

兴会庄子村民居2号／269
饮马烈士祠／270

北孟镇

曹戈庄村石桥／271
北孟一村刘瀛海墓／271
北孟一村民居／272
大南孟村石桥／272
后周家七沟村拦水坝／272
九龙屯村英风千古碑／273
九龙屯村民居／273
李家埠村水库桥／274
麻姑庄村学堂旧址／274
万和屯村民居／274
马家庙子村水坝／275
朱阳前村东悦来酒店旧址／275

朱阳前村三合里商号老宅／276

石埠经济发展区

东金台村民居／276
流一村裕丰桥／277
明家庄村民居／277
石埠西村防空洞／277
西郭家庄村石桥／277
葛庄村石桥／278
贾家庄村胶莱河大桥／278

下营镇

沟崖村民居／279
火道村李福泽故居／280
西下营村下营海关衙署／280

后记

古遗址

- ◇ 奎聚街道
- ◇ 都昌街道
- ◇ 龙池镇
- ◇ 柳疃镇
- ◇ 卜庄镇
- ◇ 围子街道
- ◇ 饮马镇
- ◇ 北孟镇
- ◇ 石埠经济发展区
- ◇ 下营镇

奎聚街道

上台村遗址 【新石器时代、汉】

位于奎聚街道上台村南,潍河大堤两侧。东西长约500米,南北宽约200米,面积约10万平方米。出土有先大汶口文化时期器足、龙山文化时期黑陶三足盘、鬲足、蛋壳黑陶杯残片、石斧,汉代朱书文字陶罐、瓮棺殉马等。保存较好。

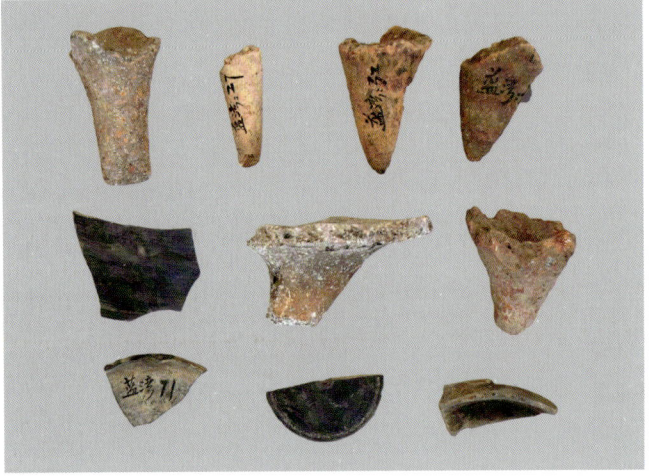

昌邑县城遗址 【宋~民国】

位于奎聚街道东隅、南隅、西关村。南北长约600米，东西宽约500米，面积约30万平方米。宋建隆三年（962），析北海县唐安乡置昌邑县，于都昌故城东南建昌邑县城，有东、西、西南3座城门。金、元、明、清至民国一直为县治所在。建国后城墙及主要地面建筑拆除，旧址范围格局尚清晰。保存一般。

虫埠村遗址 【汉~魏、晋】

位于奎聚街道虫埠村东南约500米处。南北长约350米，东西宽约150米，面积约5.25万平方米。地面上散落着大量陶片、砖瓦等。保存较好。

东隅村崇圣教寺遗址 【宋～民国】

位于奎聚街道东隅村西。南北长约160米，东西宽约150米，面积约2.4万平方米。据乾隆本《昌邑县志》载：崇圣教寺建于宋，毁于元，明洪武二十四年（1391）重建，正统五年（1440）僧会善郁重修。万历六年（1578）兵部左侍郎葛缙捐资重修，增设门廊（附设观音祠）1处、二门3间、金刚殿3间、伽蓝廊宇3间、达摩廊宇3间、四天王殿3间，东有地藏王廊宇5间，西有圆觉菩萨廊宇5间，左右钟鼓楼两座、大殿5间，后有郁琼楼5间、东西厢房各5间、门楼5间，为一邑名刹。清乾隆元年（1736）刑部郎中姜煌重修郁琼楼，后改僧会司。该寺于1942年倒塌。遗址内散落着部分建筑残件，东侧现有"大寺湾"。保存一般。

蔺家庄村遗址 【新石器时代、周、汉】

位于奎聚街道蔺家庄村东500米潍河河道内。南北长约300米，东西宽约300米，面积约为9万平方米。采集有龙山时期石斧、石箭镞，西周时期盔形器，汉代扁壶、石磨、石臼等器物。保存较差。

都昌街道

南店村遗址 【周】

位于都昌街道南店村南。南北长约160米，东西宽约60米，面积约9600平方米。发现大量灰坑，夹杂周代墓葬。灰坑出土陶器有鬲、甑、盆、瓮等。墓葬出土陶器有鬲、豆、罐组合及纺轮、骨笄等。保存较好。

都昌故城遗址　【周~隋】

位于都昌街道刘家辛戈村东侧。南北长约400米，东西宽约300米，面积约12万平方米。该城始建于春秋晚期，名"邶殿"，曾作为齐国别都之一，战国始名"都昌"。先后为齐国贵族庆封、汉都昌侯朱轸封地及隋代之前历代都昌县治。城墙早年夷平，城址核心区域大部分被压于昌邑市实验中学及昌邑市委党校下。1998年春市委党校基建，出土有龙山文化时期陶质网坠、器足，并出土周代陶质井圈、豆、量、碗、钵、盆，汉代铭文瓦当等文物。保存较好。

申明亭村东岳天齐王庙遗址 【宋～民国】

位于都昌街道申明亭村东100米土埠南侧。南北长30米，东西宽20米，面积600平方米。创修于北宋开宝四年（971），历代多次重修，抗日战争初期被毁。1984年昌邑县文物管理所将所存宋淳化二年（991）进士王月亨撰书的《新修东岳天齐王庙碑铭并序》碑运至县城保护，1997年转存昌邑市博物馆。近年村民于旧址新建正殿5间。保存一般。

史家洼子村遗址 【汉】

位于都昌街道史家洼子村北50米土埠上。南北长50米，东西宽20米，面积1000平方米。地面散落有墓砖、板瓦等。保存较差。

白玉村遗址 【周、汉、宋～元】

位于都昌街道白玉村东50米土埠上。南北长约200米，东西宽约100米，面积约2万平方米。文化堆积厚1～1.2米。近年曾出土周代铜剑、铜戈、铜马衔、滑石璧及汉代陶器等。东侧断崖顶部有玉皇庙遗址，地表散布有石柱础和大量的瓦片、砖块。采集有宋元时期板瓦、陶罐及瓷碗、瓷罐残片等。保存较差。

双台一村遗址 【宋~元】

位于都昌街道双台一村西南800米土埠东侧。东西宽30米，南北长30米，面积900平方米。地表分布有大量陶片，可辨器形有布纹板瓦、缸、瓮等。保存一般。

王耨村金顶山玉皇庙遗址 【明~民国】

位于都昌街道王耨村东北500米金顶山上。南北长约100米，东西宽约30米，面积约3000平方米。东、北、西三侧因取土形成高约8米的断崖，东侧断面顶部显露出玉皇庙大殿东山墙墙基。始建无考，1945年拆毁。保存较差。

西马埠村东南遗址 【汉】

位于都昌街道西马埠村东南1.5千米西马埠南侧。东西长约100米，南北宽约100米，面积约1万平方米。地表散落有大量灰色陶片，可辨器形有盆、罐、板瓦、筒瓦等。保存较好。

长流埠村元宝埠遗址 【汉】

位于都昌街道长流埠村西元宝埠上。南北长约200米，东西宽约200米，面积约4万平方米。地面遗存较为丰富，可辨器形有大口盆、大口缸、瓮、四系罐、碗、壶、板瓦、筒瓦等。保存较好。

东利渔遗址群02遗址

龙池镇

东利渔村盐业遗址群 【周、宋~元】

位于昌邑市龙池镇东利渔村东北滩涂上。已发现西周、东周、宋元时期遗址41处。西周时期遗存仅采集到少量的盔形器残片。东周时期遗存分为两类：一类为多功能遗址，数量少，面积大，文化层堆积厚，遗迹多样，生活用陶器和制盐用具比较丰富；另一类为单一功能的生产遗址，这类遗址数量多，面积小，文化层堆积薄，陶器残片绝大多数为制盐用盔形器，生活用器皿较少。代表性遗址有：2号遗址，位于东利渔村东北现代盐田边。东西长约120米，南北宽约100米，面积约1.2万平方米。地表散布大量陶器残片和贝壳，采集有西周时期盔形器，东周时期盔形器、豆、盂、盆、甑、罐等。保存较好。4号遗址，位于东利渔村东北现代盐田边。东西长约20米，南北宽约300米，面积约6000平方米。地表散布大量陶器残片和贝壳，采集有西周时期盔形器，东周时期盔形器、鬲、豆、盆、甑、罐等。保存较好。40号遗址，位于东利渔村东北。东西长约70米，南北宽约50米，面积约3500平方米。地表发现有两个灶。遗址上散布少量陶、瓷器残片等。保存较好。

东利渔村盐业遗址群4号遗址

东利渔村盐业遗址群40号遗址

营子埠村遗址 【周~汉】

位于龙池镇营子埠村北土埠上。东西长约300米，南北宽约100米，面积约3万平方米。曾出土周代铜箭镞，汉代扁壶、陶罐等文物，采集有周代盉形器及汉代陶器残片。西侧断崖暴露出3座汉代砖室墓。保存较好。

瓦北村孙膑庙遗址 【宋~民国】

位于龙池镇瓦北村西侧。南北长约150米，东西宽约50米，占地约7500平方米。始建于北宋初年，历代多次重修。至民国时期形成庙基占地30余亩，有正殿、寝殿、配殿、山门等大小建筑共30余间的规模。1938年为防日寇在此安设据点，我党组织群众将其拆除。建国后，在庙址上建有学校。近年学校搬迁，周边群众自发捐资利用原校舍予以恢复，并将散落碑刻集中重立。保存一般。

鄑邑故城遗址 【周~汉】

　　位于龙池镇东利渔村东南约2千米。南北宽约200米，东西长约300米，面积约6万平方米。遗址比周围地面高出1米多，被东利渔村村民拓为耕地。鄑邑原属纪国，《春秋》庄公元年（前693）有"齐师迁纪鄑"的记载。齐灭纪后，鄑邑归齐，属齐之都昌邑。据乾隆本《昌邑县志》记载：战国时齐威王赐鄑地为孙膑采地，宋代以来有筑孙子庙。遗址上分布着大量周~汉代的陶片，遗址北端还发现古井、古墓遗迹。2009年，在其周边发现了大量周代盐业生产遗址。这足以证明，该城的设立与中国海盐生产的起源及早期发展存在着密切关系。保存较好。已公布为昌邑市文物保护单位。

柳疃镇

河崖村古庙遗址 【清】

位于柳疃镇河崖村东南石桥两侧。南北长30米，东西宽20米，面积600平方米。地面建筑早年拆除，部分残件散落于道路两边的河道中。保存较差。

卜庄镇

小刘家村遗址 【不详】

位于卜庄镇小刘家村西300米。土包耸起，呈方形，边长约50米，面积约2500平方米。保存较好。

前卢家村遗址 【明~清】

位于卜庄镇前卢家村东胶莱河大堤东侧。南北长约50米，东西宽约50米，面积约2500平方米。地表散落有大量陶片、瓷片等，南部有已被破坏的清代墓葬1座。保存一般。

高家村烽火台遗址 【明~清】

位于卜庄镇高家村北侧。东西长40米，南北宽50米，面积2000平方米。现已辟为农田及墓地。保存较差。

柳家村遗址 【不详】

位于卜庄镇柳家村北农田中。东西长约200米，南北宽约200米，面积约4万平方米。地面散落有陶器残片。保存较差。

围子街道

下密故城遗址 【汉~北齐】

位于围子街道密城村，村庄坐落其上。平面约呈方形，边长约500米，面积约2.5万平方米。西汉于此置下密县，东汉初废入胶东国，安帝时复置，属青州北海郡。北齐时，迁下密入今潍坊市寒亭区内，此城遂废。曾出土汉代陶磨等。保存一般。

密乡故城遗址 【周~西晋】

位于围子街道古城里村，村庄坐落其上。平面呈方形，边长约500米，面积约2.5万平方米。1982、1988年调查时北城垣断续可见，高2米左右，基宽8米；南城垣略高于地表；西城壕部分尚存，壕边发现陶井一口，井壁用陶圈垒成。城内文化堆积距地表深约0.3米，采集有周代陶豆盘、卷云纹半瓦当、菱形花纹砖、铜镞及"齐法化"刀币等。据乾隆本《昌邑县志》载：该城为春秋莒国密邑，战国归齐，西汉为密乡县治，东汉初年省，永元九年（91）重置，西晋废。保存一般。

饮马镇

兴会庄子村遗址 【汉】

位于饮马镇兴会庄子村北50米。东西长约500米，南北宽约300米，面积约1.5万平方米。文化堆积厚约0.7米。采集有泥质灰陶豆、罐等残片。保存较好。

平城故城遗址 【周、汉】

位于饮马镇徐家庙子村中东部。东西长约500米，南北宽约500米，面积约2.5万平方米。地表采集有周代鼎足、豆柄，汉代瓦片、陶缸口沿等。据调查，该遗址还曾经出土过青铜鼎、铜剑、铜镜等。据乾隆本《昌邑县志》载：汉成帝建始二年（前31）正月，封胶东顷王刘音子刘邑为平成侯，增置平城侯国。历刘珍、刘理，国除为县。光武中兴时省，改置平城亭。保存较好。

山阳村遗址 【周、汉】

位于饮马镇山阳村西北300米博陆山南坡上。南北长约300米，东西宽约200米，面积约6万平方米。该地曾为汉博陆侯霍光采地，古称"博陆聚"。遗址南部文化层不明显，西部文化层厚0.5～2.5米。断崖处暴露有大量灰坑。采集陶片多为夹砂灰陶，少量的泥质灰陶，多素面，少量饰绳纹，可辨器形有鬲、罐、豆、鼎等。保存一般。已公布为昌邑市文物保护单位。

北孟镇

李戈庄一村化石遗址 【地质年代】

位于北孟镇李戈庄一村西南500米。东西长约50米，南北宽约50米，面积约2500平方米。采集有古生物牙齿、脊骨化石。保存较好。

大望仙庄村遗址 【周、汉】

位于北孟镇大望仙庄村南200米望仙埠西北坡。东西长约200米，南北宽约200米，面积约4万平方米。该遗址在第二次全国文物普查中发现，定为汉代生活遗址，复查中除发现汉代器物标本外，还捡到周代鼎足一枚，证明该处遗址年代可上溯至周代。保存较好。

千戈庄村遗址 【新石器时代】

位于北孟镇千戈庄村西南60米。南北长约200米，东西宽约100米，面积约2万平方米。文化堆积距地表深约0.3米。采集陶片多为夹砂和泥质黑陶，素面，个别有弦纹，可辨器形有罐、鬲等，属新石器时代龙山文化遗存。保存一般。已公布为昌邑市文物保护单位。

高阳故城遗址　【汉～隋】

　　位于北孟镇高阳村，村庄坐落其上。南北长约450米，东西宽约300米，面积约13.5万平方米。城墙、壕沟早年平毁。文化堆积距地表深约0.4米。据乾隆本《莱阳府志》载："高阳城，高密西北三十里，汉置县，武帝封淮阳王孙并为侯，即此。"北齐在此置高阳县。道光《高阳志》引《太平寰宇记》："高密西北三十里有高阳城，一曰胶阳亭，属琅琊郡，大业年废。"保存较差。

高阳村堡陔寺遗址　【北齐～唐】

　　位于北孟镇高阳村西南堡陔埠东侧。东西长约300米，南北宽约150米，面积约4.5万平方米。该寺始建于北齐时期，约毁于唐末。其上散落大量佛造像残石及砖、瓦构件。1997年昌邑市博物馆对遗址内一古井进行抢救性发掘，出土一批石造像。保存一般。

石埠经济发展区

流一村遗址 【汉、宋~元】

位于石埠经济发展区流一村东侧土埠上。东西长约100米，南北宽约260米，面积约2.6万平方米。遗址上可见汉代及宋~元时期的陶器残片及建筑基址等。保存一般。

晴埠村遗址 【汉】

位于石埠经济发展区晴埠村东南100米。东西长约400米，南北宽约300米，面积约12万平方米。文化堆积厚约1.2米。断崖处显露有瓦片堆积、汉代墓葬。采集有泥质灰陶罐口沿、板瓦残片及铜镜等。保存较好。

石埠西村遗址 【周】

位于石埠经济发展区石埠西村西50米牛头埠南坡。东西长约200米，南北宽约100米，面积约2万平方米。文化堆积厚约1.5米。由于群众取土和平整地面，暴露出许多灰坑，边缘清晰可辨，内涵丰富，有大量的陶片和兽骨。采集的陶片多为夹砂灰陶，纹饰以绳纹居多，可辨器形有罐、鬲、豆等。保存较好。已公布为昌邑市文物保护单位。

卢元村遗址　【汉、明～清】

位于石埠经济发展区卢元村东胶莱河西岸高地上。东西宽约100米，南北长约200米，面积约2万平方米。断面中显露大量残碎瓦片、砖块及生活器皿，应为聚落遗址。保存一般。

董家庄村遗址　【新石器时代、汉】

位于石埠经济发展区董家庄村北200米胶莱河西岸。南北长约800米，东西宽约500米，面积约40万平方米。文化堆积厚0.5～1米。采集标本有大汶口文化时期夹砂红陶铲形鼎足、柱状鼎足、鼎口沿、罐口沿、盆口沿及汉代陶罐残片、豆柄等。保存较好。

下营镇

火道—廒里村盐业遗址群　【周～宋、元】

　　位于下营镇火道村东南至廒里村西北农田及滩涂上。发现有东周、宋元时期遗址170处。东周时期遗存分为两类：一类为多功能遗址，数量少，面积大，文化层堆积厚，遗迹多样，生活用陶器和制盐用具比较丰富；另一类为单一功能的生产遗址，这类遗址面积小，文化层堆积薄，遗迹少，陶器残片绝大多数为制盐用盔形器，生活用器皿很少。代表性的有：1号遗址，位于火道村东南约1.63千米。东西长约260米，南北宽约200米，面积约5.2万平方米。该遗址地势较周围高出1～2米，文化层堆积厚1米左右。发现的遗迹有灰坑、井、池等。地表和断面散布有大量陶器残片，采集有东周时期盔形器、鬲、豆、盂、盆、甑、罐等。遗址时代属战国晚期。保存一般。14号遗址，位于火道村东南约2.2千米。东西长约100米，南北宽约100米，面积约1万平方米。在距地表1～2米深处发现有南北排列的8座卤井，井口直径在2～5米，井内出土有鬲等陶器。遗址时代属战国时期。保存一般。105号遗址，位于廒里村西南约0.95千米。东西长约50米，南北宽约60米，面积约3000平方米。遗址断崖发现1座盐灶，长约4米。地表及断面散布大量陶器残片，采集有东周时期盔形器等。保存较好。

火道—廒里村盐业遗址群14号遗址局部

火道—廒里村盐业遗址群1号遗址

火道—廒里村盐业遗址群14号遗址

火道—廒里村盐业遗址群105号遗址

廒里村古沉船遗址 【元~明】

位于下营镇廒里村东北蒲河防潮大坝北侧。船长20余米，宽10余米，应当为元明时期大型漕运海船。2008年蒲河大坝施工中发现，即被淤埋，周边有船体残件散落。保存较好。

古墓葬

- ◇ 奎聚街道
- ◇ 都昌街道
- ◇ 柳疃镇
- ◇ 卜庄镇
- ◇ 围子街道
- ◇ 饮马镇
- ◇ 北孟镇
- ◇ 石埠经济发展区

奎聚街道

虫埠村傅振邦墓 【清】

位于奎聚街道虫埠村西北。东西宽60米，南北长150米，面积9000平方米。墓葬封土早年夷毁，现存石牌坊残件一宗、石马2件、御祭碑2件、石狮1个。墓园建于清光绪九年（1883）。与傅振邦合葬的还有傅振邦妻一品夫人范氏、张氏。附葬墓2座，为傅振邦长子荣禄大夫、一品衔、南阳府知府傅凤扬及其妻一品夫人赵氏、高氏、陈氏、王氏、顾氏合葬墓与傅振邦次子朝议大夫、赠太仆寺卿衔、原直隶州知州傅凤翔（衣冠冢）及其妻恭人杨氏、张氏之墓。保存一般。已公布为昌邑市文物保护单位。

傅振邦（1814～1883），字维屏，号梅村，虫埠村人。道光丙申科武进士。历官云南、直隶、湖北提督，诰封"建威将军"，赐"绰尧托巴图鲁"号，谥"刚勇"。《清史稿》有传。

虫埠村傅眉卿墓 【清】

位于奎聚街道虫埠村东。封土早年夷平。墓碑青石质，碑头已失。碑身长1.65米，宽0.48米，厚0.23米；碑座长1.25米，宽0.7米，厚0.5米。碑阳向上，周饰双龙戏珠纹，中题"诰授振威将军、钦加总兵衔、赏戴花翎、原任山东登州、直隶通州镇协镇、武庠生眉卿傅公暨配李、魏氏墓"，上款题："光绪二十四十月日谷旦"，下款为立石子孙题名。碑阴向下，不详。保存一般。

虫埠村墓地 【汉～魏晋】

位于奎聚街道虫埠村西北。东西长约130米，南北宽约40米，面积约5.2万平方米。周围散落着大量灰、白陶片及墓砖等。保存一般。

关龙村墓地 【汉】

位于奎聚街道关龙村西。南北长约200米,东西宽约200米,面积约4万平方米。东北侧断崖显露出汉代墓葬多处。保存较好。

石湾店南村墓地 【周～汉】

位于奎聚街道石湾店南村北。东西长约200米,南北宽约260米,面积约5.2万平方米。东南部显露汉代墓葬1座,出土铜舟2件,现存昌邑市博物馆。据村民称:墓地北端还曾出土尖首布等文物。保存一般。

王葛山下村墓地 【汉】

位于奎聚街道王葛山下村西。南北长约500米，东西宽约200米，面积约10万平方米。东北侧、东侧断崖显露有汉代墓葬多处。保存较好。

东店村翟瓒墓 【明】

位于奎聚街道东店村东。南北宽约30米，东西长约50米，面积约1500平方米。该墓地为明湖广巡抚翟瓒墓园，其子孙亦祔葬于此，曾出土翟瓒诰命碑额。保存一般。

翟瓒，字庭献，奎聚街道东逯翟村人。明正德甲戌科进士，历任都察院佥都御史、湖广巡抚。

东店村王健庵墓 【清】

位于奎聚街道东店村东公墓内。封土底径约4米，高约1.5米。墓碑南向，青石质，圆首。碑身高1.6米，宽0.62米，厚0.4米。碑阳额及两边饰双龙戏珠纹，下边饰海水纹，中题"皇清敕封修职郎、恩贡生、候选儒学教谕、候选直隶州州判健庵王公墓"，上款题"光绪元年四月阖族共立"，下款为立石子孙题名。碑阴有碑文。近年新迁，保存较好。

文山汉墓 【汉】

位于奎聚街道东店村东文山烈士陵园院内。封土底径约20米，高约15米，面积约400平方米。20世纪90年代发现画像石墓门一扇，今存昌邑市博物馆。保存一般。

五里村东北汉墓 【汉】

位于奎聚街道五里村东北。东西长30米，南北宽30米，面积900平方米。南侧有墓砖散落，并有画像石墓门及门楣、门边石一宗。保存较差。

五里村西南墓地 【汉】

位于奎聚街道五里村西南。东西长约500米，南北宽约400米，面积约20万平方米。西南断崖显露有汉代墓葬多处。地表采集有画像石、墓砖等。保存一般。

西关村邢氏墓地 【明】

位于奎聚街道西关村西。南北长约300米，东西宽约200米，面积约6万平方米。该墓地为明代昌邑邢氏家族墓地。巩昌府推官邢瑾、大理寺卿邢尚简、江南芜湖县县丞邢尚宽、九江府知府邢有忭等明代邢氏名人均归葬于此。曾出土邢尚简妻孙氏墓志铭等。保存较差。

于家山下村墓地 【汉】

位于奎聚街道于家山下村西。南北长约600米，东西宽约200米，面积约12万平方米。东南断崖显露有汉代墓葬多处。保存一般。

中台村墓地 【汉】

位于奎聚街道中台村东北。东西长约600米，南北宽约400米，面积约24万平方米。南侧断崖显露有汉代墓葬多处。保存一般。

都昌街道

北褚村墓地 【汉、清】

位于都昌街道北褚村西南。南北长约200米，东西宽约100米，面积约2万平方米。东南部断面显露有清代墓葬一处。地表采集有汉代绳纹砖、瓦等。保存较差。

北马埠村墓地 【汉】

位于都昌街道北马埠村东北。南北长约300米，东西宽约100米，面积约3万平方米。地表散落大量汉代墓砖及残碎板瓦、筒瓦等。保存较差。

豹埠营村墓地 【汉】

位于都昌街道豹埠营村西南。南北长约300米，东西宽约150米，面积约4.5万平方米。地面上散落大量汉代墓砖，西侧断崖显露有汉代墓葬多处。保存一般。

长流埠村刘氏墓地 【明~清】

位于都昌街道长流埠村西北。南北长约50米，东西宽约30米，面积约1500平方米。有墓葬十余座。保存较好。

陈家洼子村北墓地 【汉】

位于都昌街道陈家洼子村北。南北长约100米，东西宽约70米，面积约7000平方米。东侧、西南侧断崖显露有汉代墓葬多处。保存较差。

陈家洼子村西南墓地 【汉】

位于都昌街道陈家洼子村西。南北长约180米，东西宽约120米，面积约2.16万平方米。东侧断崖显露有汉代墓葬多处。保存较好。

东褚庄村墓地 【汉】

位于都昌街道东褚庄村西北。南北长约600米，东西宽约100米，面积约6万平方米。东侧因取土形成高5~10米的断崖，显露有多处汉代瓦椁墓。地表采集有菱纹、绶带穿璧纹等多种类型的汉代墓砖。保存较差。

东大营村墓地 【汉】

位于都昌街道东大营村北。南北长约500米，东西宽约400米，面积约20万平方米。因村民取土，形成多处断崖，崖壁显露出十余处汉代墓葬。地表散落有大量的汉代墓砖及陶器残片等。保存一般。

西大营村墓地 【汉】

位于都昌街道西大营村东北。南北长约200米，东西宽约200米，面积约4万平方米。因近年村民取土等原因，墓地中部形成一东西长约100米，南北宽约80米，深约10米的大坑。大坑南侧断崖距地表约1米处暴露一处汉代砖室墓。地表采集有汉代陶片，可辨器形有罐、筒瓦、瓮、耳杯等。保存较差。

东侯富庄村墓地 【汉】

位于都昌街道东侯富庄村北。南北长约200米,东西宽约200米,面积约4万平方米。地表采集有汉代墓砖及泥质灰陶片,可辨器形有大口盆、板瓦、筒瓦等。保存一般。

东化埠村墓地 【汉】

位于都昌街道东化埠村北。南北长约260米,东西宽约150米,面积约2.9万平方米。南侧中部断崖显露有汉代砖室墓。据村民介绍:该墓地曾出土铜镜、陶罐等文物。保存一般。

高家道照村墓地 【周~汉】

位于都昌街道高家道照村西。南北长约200米,东西宽约120米,面积约2.4万平方米。西侧断面暴露出多座汉代砖室墓。近年曾出土周代青铜剑、汉代圜底陶罐等文物。保存较差。

黄家辛戈村黄福及其家族墓地 【元~明】

位于都昌街道黄家辛戈村西北。南北长88.6米,东西宽30米,面积约2700平方米。现存明少保兼户部尚书黄福墓及黄福祖父黄聚墓、祖母李氏墓、黄福父黄士中墓、黄福母王氏墓、黄福兄黄佑墓、黄福孙黄征墓,共7座。明正统五年(1440),黄福卒于南京,皇帝遣行人王宴奉诏办理丧葬事宜,其墓葬按照正一品文臣规格营建,砖石结构,封土底径约11.4米,高约10米。整个墓地石刻众多,部分近年修复。保存较好。已公布为潍坊市文物保护单位。

黄福(1363~1440),字如锡,黄家辛戈村人。历仕至少保兼户部尚书,卒赠太保,谥忠宣。《明史》有传。

黄家辛戈村黄元御墓 【清】

　　位于都昌街道黄家辛戈村南。南北长19.3米，东西宽11.1米，面积214平方米。封土底径2.5米，高1.5米。墓碑青石质，方首，南向。碑身高1.67米，宽0.7米，厚0.2米。碑阳周饰回纹，中题"清故邑庠生坤载黄公暨配孙氏之墓"；上款题"公讳元御，号玉楸。□□财政厅咨议，庚子、辛丑科□□□□升填讳"；下款题"中华民国十二年□□吉日，□山坤向"。碑阴周饰回纹，有碑文。保存较好。已公布为昌邑市文物保护单位。

　　黄元御（1705~1758），名玉璐，字元御，黄福十一世孙。清代著名医学家，尊经派的代表人物。一生著有医书11种及《周易悬解》、《道德经解》2种，均被收入《四库全书》。《清史稿》有传。

蒋家庄村墓地 【汉】

　　位于都昌街道蒋家庄村南。南北长约300米，东西宽约100米，面积约3万平方米。墓地中部断崖显露有汉代墓室，地表采集有白陶罐、大口盆、板瓦、筒瓦残件等。保存一般。

十墓室特写

两埠村墓地 【汉】

位于都昌街道两埠村北。南北长约100米,东西宽约50米,面积约5000平方米。断崖显露有汉代墓室多处,地表散布有大量菱纹汉砖等。保存一般。

刘家北逢村刘克孝墓 【明】

位于都昌街道刘家北逢村内。墓园坐北朝南,南北长17.2米,东西宽7.7米,面积约132平方米。封土底径南北长约11米,东西宽约7米,高约3米。墓碑青石质,圆首,东南向。碑身高1.75米,宽0.7米,厚0.21米。碑阳额及边饰双龙戏珠纹,中题"前明岁进士任山西湖州训导刘公之墓",上款题"大清光绪元年十月吉日"及立石后裔题名。碑阴额饰五蝠捧寿纹,边饰回纹,有碑文,尾题"阖学:魏凤梧、李含芳、单经蕴、杨振睿、夏芳霖仝拜"。保存较好。

刘家北逢村墓地 【汉】

位于都昌街道刘家北逢村北。南北长约500米,东西宽约400米,面积约20万平方米。东侧、南侧断崖显露有汉代墓葬多处。地表散布有大量绳纹、菱纹、素面汉砖等。保存较好。

马家村西南墓地 【汉】

位于都昌街道马家村西,利民街南北两侧。北侧部分东西长约120米,南北宽约60米,高1.5~5米,面积约7.2万平方米。其南侧断崖显露出多处汉代砖室墓。采集有汉砖和灰色陶片,可辨器形有罐、筒瓦、盆等。保存较差。南侧部分南北长约200米,东西宽约130米,高约4米,面积约2.6万平方米。其上为热电厂宿舍。地表采集有汉砖和灰色陶片,可辨器形有罐、板瓦等。保存一般。

马芝村墓地 【汉】

位于都昌街道马芝村西北。南北长约500米,东西宽约200米,面积约10万平方米。因近年取土等原因,墓地南部形成一东西长约100米、南北宽约50米、深约10米的大沟。墓地中部、南部有多座小型封土墓。1998年出土有汉代陶鼎、陶豆、陶盘等。保存一般。

南褚庄村北墓地 【汉、宋~元】

位于都昌街道南褚庄村北。南北长约600米，东西宽约400米，面积约24万平方米。中部因取土形成东西长约200米、南北宽约100米的长方形坑地。墓地南侧有2座大型封土墓，周边散落有汉砖；西南部断面采集有宋元时期的陶片。保存较好。

南褚庄村西墓地 【汉、宋~元、清】

位于都昌街道南褚庄村西。东西长约400米，南北宽约150米，面积约6万平方米。北侧西部断面显露有汉代砖室墓多座；南侧西部断面显露有宋元时期砖室墓多座；西南部断面显露有清代砖室墓，采集有清代黑釉瓷罐1件。保存较差。

南店村墓地 【周~汉、明~清】

位于都昌街道南店村南。东西长约300米，南北宽约120米，高约3米，面积约3.6万平方米。其上为原化肥厂宿舍。曾出土周代、汉代陶器、铜器等文物。保存较好。

南候章村墓地 【汉】

位于都昌街道南候章村东北。南北长约300米，东西宽约200米，面积约6万平方米。墓地北侧断崖显露有汉代墓葬多处。保存一般。

前埠村隋氏墓地 【明~清】

位于都昌街道前埠村东北。东西长10米，南北宽15米，面积约150平方米。其东南有隋氏祖茔碑，青石质，圆首，南向。碑身高1.74米，宽0.68米，厚0.19米。碑阳额饰双龙戏珠纹，两边饰回纹，中题"隋氏先茔碑"5个大字，上款题"大清光绪二年四月谷旦"，下款题"原籍世系悉载碑阴"。碑阴有碑文，介绍了隋氏渊源及后世分支。北侧有隋辅君暨配宋氏墓碑。青石质，圆首，东南向。碑身高1.57米，宽0.625米，厚0.19米。碑阳额饰双龙戏珠纹，边饰回纹，中题"皇清处士隋公讳廷佐字辅君暨配宋孺人之墓"，上款题"光绪二十二年二月谷旦，辛山乙向"。碑阴无字。保存较好。

前埠村壁画墓 【金~元】

位于都昌街道前埠村东北。墓室东南西北向，长3米，宽2米，墓门宽0.97米，灰砂夯制，穹顶。墓室四壁及顶部皆绘有壁画。西壁绘有引魂图，北壁、东壁绘有墓主人生活场景，穹顶壁画基本脱落。北壁中有壁龛2个。保存较好。其西侧原有小型灰砂墓2座，均遭破坏。

申明亭村东墓地 【汉】

位于都昌街道申明亭村东。南北长约200米，东西宽约100米，面积约2万平方米。地表采集有汉代墓砖、灰色瓦片，可辨器形有板瓦、筒瓦等。保存一般。

申明亭村西墓地 【汉、宋~清】

位于都昌街道申明亭村西。南北长约300米，东西宽约200米，面积约6万平方米。北侧显露有石室墓1座，西侧显露有宋元、清代墓葬多处。墓地南侧中部曾出土玉衣片。保存一般。

双台二村墓地 【汉、清】

位于都昌街道双台二村北。南北长约600米，东西宽约150米，面积约9万平方米。西南侧断崖显露有汉代瓦椁墓1座，西侧断崖显露有清代砖室墓多座。保存一般。

双台一村壁画墓 【明】

位于都昌街道双台一村西南。墓室3间,长5.6米,宽3.36米,地上部分高1.7米,面积18.82平方米,由灰砂夯筑而成。墓室正面为殿堂式结构,前出檐,檐面瓦当雕虎头纹。檐下垂花将檐画均分为3组,中间一组为宝相花纹,左侧一组为牡丹纹,右侧一组为莲花纹。墓室四壁绘有壁画,内容为荷花、梅花等花卉图案;穹顶壁画基本脱落,显露有苇席印痕。每间墓室后壁均绘有冥牌,右侧一间可见"姜门口氏"4字,说明墓主人为姜姓。保存较好。

双台一村墓地 【汉】

位于都昌街道双台一村西南。南北长约600米，东西宽约400米，面积约24万平方米。中部有一大型封土墓，封土底径南北长20米，东西宽10米，高5米。地表采集有汉代墓砖、瓦片等。保存较好。

双台一村李氏始祖墓 【明】

位于都昌街道双台一村西南。封土底径4米，高2.5米。墓碑依清代原碑复制，青石质，方首，西北向。碑身高1.65米，宽0.72米，厚0.15米。碑阳额题"万古流芳"，中题"李氏始祖泗川字孔溪暨夫人赵氏之墓"，上款题"大清道光六年谷旦"，下款题"九世玄孙仁章立石，一九九七年正月十三日阖族重修"。碑阴有碑文。原碑已残碎，埋新碑之后。保存较好。

辛置三村墓地 【汉～魏晋】

位于都昌街道辛置三村南。东西长约1500米，南北宽约120米，面积约18万平方米。中部显露砖室墓2座，墓砖两侧饰菱纹，一头带有"永固"字样。地表采集有少量灰色陶片，可辨器形有罐、筒瓦、板瓦等。保存较好。

辛置二村墓地周代墓葬

辛置二村墓地汉代墓葬

辛置二村墓地 【周~民国】

　　位于都昌街道辛置二村西。东西长约450米，南北宽约150米，面积约67500平方米。其下层为周代至魏晋墓葬。其上层东侧有明代道照孙氏家族墓地，墓地神道上原有石牌坊、石马、石翁仲等，毁于20世纪60年代。1987年3月麻纺厂长宿舍施工破坏墓葬多座，县图书馆文物组清理墓葬2座，其一即孙昂夫妇合葬墓，为土坑竖穴木棺墓，3棺并列。出土有一组滑石质的庭院和仪仗、侍吏、吹奏石俑及日用器具模型，另有墓志1盒。南侧是明清时期东隅村姜氏家族墓地，有东茔、西茔两处。东茔南向，主穴为六世明凤阳府通判姜镗；西茔位于东茔西邻，东向，主穴为八世赠广东巡抚、都察院右副都御史姜若默，十二世清徐州知州姜焯等均祔葬于此。保存较好。已公布为昌邑市文物保护单位。

辛置二村墓地魏晋时期墓葬

辛置二村墓地汉代墓葬中出土的马骨

辛置二村墓地清代姜氏家族墓碑

辛置二村墓地明代孙昂墓出土文物

王家埠村汉墓 【汉】

位于都昌街道王家埠村北。第1层墓台长宽皆28米，第2层封土长宽皆12米，高10米。封土东侧因村民用土出现塌方，墓室显露，为竖穴土坑墓。封土南侧、东侧均有近年盗洞。保存较差。

王耨村白杨埠墓地 【汉、清】

位于都昌街道王耨村东。南北长约300米，东西宽约200米，面积约6万平方米。墓地东坡显露有汉代墓室；中部显露有完整人骨1具，口含清代铜钱1枚；西侧多处显露人骨。地表散落有汉代墓砖、板瓦等。保存较好。

王耨村东埠墓地 【汉】

位于都昌街道王耨村东。南北长约120米，东西宽约100米，面积约1.2万平方米。墓地东侧、南侧断崖显露有汉代墓室。保存较差。

王耨村金顶山墓地 【汉】

位于都昌街道王耨村东北。南北长约400米，东西宽约200米，面积约8万平方米。因近年取土等原因，中部被取平。地表采集有绳纹汉砖等。保存较差。

王耨村南埠墓地 【汉】

位于都昌街道王耨村南。南北长约200米，东西宽约100米，面积约2万平方米。北侧显露有墓室多处，地表采集有绳纹汉砖、灰色陶片，可辨器形有板瓦、筒瓦等。保存一般。

王耨村西北埠墓地 【汉、清】

位于都昌街道王耨村西北。南北长约200米，东西宽约100米，面积约2万平方米。西南侧断崖显露有汉代墓葬及人骨。其上层为清代墓葬。墓地中部偏西有节孝刘氏墓碑1幢，青石质，方首。碑身长1.71米，宽0.81米。碑阴向上，边饰回纹，有碑文。首题"郝口人口口上继其姑刘太君节孝口记"，尾署"口西恩贡生、候补州判、姻愚晚王鸿恩薰沐拜撰"。保存一般。

王耨村西南墓地 【汉、清】

位于都昌街道王耨村西南。南北长约200米，东西宽约150米，面积约3万平方米。东北部因取土等原因形成东西长约100米、南北宽约80米的缺口。北部断崖显露有汉代砖室墓、瓦椁墓多座；东北部、西南部断崖显露有清代墓葬多座。保存较差。

西马埠村南墓地 【汉、金～元】

位于都昌街道西马埠村南。南北长约150米，东西宽约100米，面积约1.5万平方米。因近年取土等原因，东侧中部形成一东西长约50米、南北宽约30米的缺口。东、南侧断崖显露有汉代砖室墓多处。其上有金元时期墓葬2座，墓室均为穹顶，由灰砂夯筑而成，内有淤土。其一：东西长2米，南北宽2.5米，地上部分高1.2米；墓门南向，宽0.95米。其二：墓室东西长2.2米，南北宽2.7米，地上部分高1.7米；墓门南向，宽0.8米。保存较好。

肖家埠村肖氏始祖墓 【明】

位于都昌街道肖家埠村西南。封土底径6米，高3.5米，占地约30平方米。墓碑青石质，方首，西北向。碑阳周饰回纹，中题"肖氏迁昌邑始祖之墓"，上款题"大清咸丰元年四月"，下款题"十六世孙：云龙、永健、法吉、松秀，十七世孙：景仁全立"。碑阴无字。保存较好。

西化埠村墓地 【汉】

位于都昌街道西化埠村北。南北长约350米，东西宽约200米，面积约7万平方米。中部因取土形成东西长约200米，南北宽约50米的缺口。北侧断崖中部显露有汉代砖室墓。地表散落大量汉代板瓦。保存一般。

徐林庄村徐氏祖茔 【明~清】

位于都昌街道徐林庄村西。南北长30米，东西宽30米，面积900平方米。有封土墓十余座，古柏十余棵。保存较好。

徐林庄村西南汉墓 【汉】

位于都昌街道徐林庄村西南。封土南北长约50米，东西宽约30米，面积约1500平方米。保存较好。

徐林庄村马桩埠墓地 【汉】

位于都昌街道徐林庄村东北。东西长约400米，南北宽约300米，面积约12万平方米。墓地北部有大型封土墓1座，底径10米，高4米。地表采集有灰陶板瓦、筒瓦等。保存较好。

兴福村墓地 【汉】

位于都昌街道南兴福村西北至北兴福村西。东西长约1000米，南北宽约200米，面积约20万平方米。原有大型覆斗形封土墓9座，古称"固王冢"，又称"九顶莲花冢"。现存3座，2号墓曾出土减地雕柿蒂纹贴金玉衣片以及玉剑璏。7号墓出土大量陶器、铜器，并出土"刘小子印"桥纽铜印一方。墓地周边密布大量中小型墓葬，散落大量板瓦、筒瓦、瓦当等建筑构件。其下层尚有龙山文化及周代遗址。保存一般。已公布为昌邑市文物保护单位。

巡保村墓地 【汉】

位于都昌街道巡保村东南。东西宽约50米，南北长约150米，面积约7500平方米。南侧有封土墓1座，底径约20米，高约3米。墓室露出，可见青石垒砌的椁室。保存较差。

中侯富庄村侯运昌墓 【清】

位于都昌街道中侯富庄村东南。封土高1.8米，底径2.5米。墓碑青石质，圆首，东北向。碑阳周饰回纹，中题"大清敕旌节孝运昌侯公暨配冯孺人之墓"，下款题"咸丰八年正月二十九日谷旦"。碑阴无字。保存较好。

渔埠村孙氏始祖墓 【明】

位于都昌街道渔埠村内。封土底径2.5米，高1.5米。墓碑青石质，方首，南向。碑身高1.5米，宽0.6米，厚0.2米。碑阳周饰回纹，中题"孙氏始祖之墓"，上款题"有明自潍北南村庄迁于昌西鱼埠里居住"，下款题"大清道光四年十一月吉旦"。保存较好。

榆林村墓地　【汉】

位于都昌街道榆林村西北。东西长约100米，南北宽约200米，面积约2万平方米。地表散落大量汉代墓砖。保存较好。

张固村墓地　【汉】

位于都昌街道张固村东南。南北长约600米，东西宽约400米，面积约24万平方米。因近年取土等原因，墓地北部形成一南北长约150米，东西宽约80米，深10余米的缺口，其西侧、北侧、南侧显露多处汉代瓦椁墓、砖室墓。地表散落有大量绳纹、菱纹、素面墓砖及灰色陶片，可辨器形有板瓦、筒瓦、瓮、缸等。保存一般。

豹埠营村张志栋墓旧址　【清】

位于都昌街道豹埠营村南。东西长约30米，南北宽约30米，面积约900平方米。墓葬早年被掘，已无封土。保存较差。

张志栋（1648～1714），字敬修，别字青樵，奎聚街道南隅村人，清初大臣。仕至福建、浙江、江西巡抚，迁大理寺卿，刑部右侍郎。

中侯富庄村墓地 【汉】

位于都昌街道中侯富庄村东南。南北长约500米，东西宽约300米，面积约15万平方米。中部断崖显露有汉代墓室。地表采集有汉代墓砖、灰色陶片，可辨器形有罐、碗等。保存较差。

中裴庄村北墓地 【汉】

位于都昌街道中裴庄村北。南北长约400米，东西宽约400米，面积约16万平方米。东侧断崖北部显露有汉代墓葬，中部显露有汉代灰坑。地表采集有汉代墓砖、灰色板瓦等。保存较好。

中裴庄村西墓地 【汉】

位于都昌街道中裴庄村西。南北长约400米，东西宽约200米，面积约8万平方米。东侧有一封土墓，底径6米，高3米；北部断崖显露有汉代砖室墓。地表采集有绳纹、素面汉砖及灰色陶片，可辨器形有大口缸、碗等。保存较好。

柳疃镇

后青村林李氏墓 【清】

位于柳疃镇后青村东北。封土直径2米，高约1.8米。墓碑青石质，额残，南向。碑身残高1.3米、宽0.63米、厚0.18米。碑阳边饰回纹，中题"□清旌表节孝、例赠孺人、绿卿林公德配李孺人碑记"，上款题"光绪三十四年三月谷旦"，下款为奉祀子孙题名。碑阴无字。保存一般。

卜庄镇

李家抚宁村墓地 【明~清】

位于卜庄镇李家抚宁村西。东西长约30米，南北宽约30米，面积约900平方米。现存封土墓8座，封土直径2~4米，西南角墓葬已露出墓室。保存一般。

围子街道

董家隅庄村才子坟 【不详】

位于围子街道董家隅庄村北潍河大堤东侧。封土底径6米，高1.5米。墓碑青石质，圆首，西南向。碑身高1.6米，宽0.62米，厚0.2米。碑阳两边饰双龙戏珠纹，有碑文，尾署"丁酉科拔贡、候选儒学正堂□□孙德彰撰文并书，嘉庆七年岁在元□阉茂嘉平月□□□族立石，镌工董维业"。碑阴空白。近年新修碑亭。保存较好。

宋庄村徐启亨墓 【明】

位于围子街道宋庄村北。封土底径3米，高约1.5米。徐启亨为徐氏八世祖，明崇祯年间由青乡北五甲迁居昌南宋庄村，卒葬于此，后辟为宋庄徐氏祖茔。2009年10月修缮并立墓碑。墓地内有古柏2棵。其西侧有清徐振业墓。地面显露灰砂墓室，长3.2米，宽3.4米。保存较好。

梁家郚村墓地 【清】

位于围子街道梁家郚村东北公墓内。南北宽10米，东西长20米，面积200平方米。共显露灰砂墓室6座。保存一般。

梁家郚村张松乔墓 【清】

位于围子街道梁家郚村东北公墓内。封土底径2米，高1米。墓碑青石质，圆首，东北向。碑身高1.7米，宽0.67米，厚0.17米。碑阳额饰双龙戏珠纹，两侧饰博古纹，中题"皇清敕授修职郎、明经进士、乡饮大宾松乔张……"，两侧为门生题名。碑阴额饰五蝠捧寿纹，有碑文。保存较好。

姜家庄二村李氏祖茔 【明】

位于围子街道姜家庄二村南。现存封土东西长10米，南北宽8米，高1米。封土顶部生长有明代小叶朴一株，树径1.4米。保存较好。

西冯家庄村彭越冢 【汉】

位于围子街道西冯家庄村北。封土直径约8米，高2.5米。乾隆本《昌邑县志》载："彭越，昌邑人，其地本汉山阳郡治。高祖既醢越，枭其首于洛阳。谓冢今在昌邑，恐涉附会。"其址邻近汉下密故城，初步判定为汉代墓葬。封土上生长古槐一株。保存一般。已公布为昌邑市文物保护单位。

羊山子村墓地 【汉】

位于围子街道羊山子村东北。东西长约30米，南北宽约20米，高约5米，占地面积约600平方米。四周显露出汉代墓葬多处，采集有新莽"货泉"。其上为清代"刘猛将军祠"遗址。保存一般。

邹家庄村掷女台 【汉】

位于围子街道邹家庄村北。南北长约50米，东西宽约30米，封土高约8米，占地面积约1500平方米。乾隆本《昌邑县志》载："密女既嫔于昌，二境构兵，女漏师于昌，大败密人，父憾之，与绝。后生女登台掷死，谓之'掷女台'。然无可考。第密乡台址尚存。"疑为汉代古墓葬。封土前有新修庙宇，其东侧有石碑1幢，青石质，圆首，西向。碑身高1.68米，宽0.65米，厚0.18米。碑阳中题"掷女台"3个大字，上款题"光绪八年正月十五日"。碑阴为捐款善人题名。保存较好。

饮马镇

山阳村汉墓 【汉】

位于饮马镇山阳村东北。封土呈覆斗形,边长约30米,高约5米,面积约900平方米。博陆山因汉博陆侯霍光而得名,周边为其封地,古称"博陆聚"。该墓俗称"霍光冢",实为汉代贵族墓葬。保存较好。

徐家庙子村于始瞻家族墓地 【清】

位于饮马镇徐家庙子村内。南北长约30米,东西宽约20米,面积约600平方米。于始瞻墓封土底径4米,高2.5米。其余墓葬封土已被夷平。保存一般。

于始瞻,字君惠,康熙庚子举人,钦赐国子监学录,著名学者。

左家营子村古墓 【清】

位于饮马镇左家营子村北。封土早年夷平,地面显露出灰砂墓室3间,墓门作牌楼状。宽4米,长2.8米。保存较好。

北孟镇

杜卢村汉墓 【汉】

位于北孟镇杜卢村北。有大型封土墓2座,当地俗称"单冢子"。其一为画像石墓,近年遭破坏,墓室外露。保存较差。其二封土基本完好,边长约20米,占地面积约400平方米。保存一般。

高阳村高阳侯冢 【汉】

位于北孟镇高阳村西南。原有封土高约10米,直径80米,因周围村民不断取土,现存封土高1.5米,底径约20米,面积约300平方米。南侧断崖可辨墓道痕迹。据清道光三年(1823)《高阳志》载:汉成帝封淮阳王刘钦孙刘并为高阳侯,卒后葬此。保存较差。已公布为昌邑市文物保护单位。

前周家七沟村周来兴墓 【明】

位于北孟镇前周家七沟村西。封土直径5米。面积约20平方米。周来兴于明洪武二年（1369）自徽州府大石桥经山西洪洞县迁居昌邑，为前周家七沟村周氏始祖。其封土近年新砌六边形围墙保护，东侧新立有"周氏家族纪念碑"。保存较好。

角兰村古墓 【不详】

位于北孟镇角兰村北。砖石结构，近年取石破坏。残存墓室长1.1米，宽1米。保存较差。

石埠经济发展区

董家庄村董文戬墓 【明】

位于石埠经济发展区董家庄村东。墓地坐南朝北，封土底径3米。董文戬，传为董仲舒后裔，明洪武二年（1369）自德州迁昌邑，为该村董氏始祖。近年族人新建围墙保护，并新立石碑3块。保存较好。

埠头村战国墓 【周】

位于石埠经济发展区埠头村南。原有封土高约3.5米，底径约20米。现因周边不断取土，使其形成一个高约7米、底径东西长约35米、南北宽约20米的大土堆。墓室为土坑竖穴，填充碎石。木质葬具与尸骨均腐朽。曾出土铜敦、铜带钩、铜壶、玉璧残件、水晶、玛瑙饰品等。保存较差。

林家埠村汉墓 【汉】

位于石埠经济发展区林家埠村南。现封土呈圆丘形，高约3米，底径约15米。1976年，其南侧曾出土铜壶及釉陶壶等文物。封土底部及顶部均有盗洞，保存一般。已公布为昌邑市文物保护单位。

晴埠村刁琪墓 【金】

位于石埠经济发展区晴埠村西。为金代武略将军刁琪（赐名李颐真）墓。原址东西长约70米，南北宽约40米，面积约2800平方米。封土已平毁，神道上仅存石虎1件。保存一般。

西金台西北村李大成墓 【明】

位于石埠经济发展区西金台西北村西南。封土直径3米，高2米，上为平顶。封土前有原墓碑及新立墓碑各一。原墓碑青石质，圆首，北向。碑身高1.4米，宽0.61米，厚0.19米。碑阳横题"西金台记"，竖题"李氏始祖之墓"，立于清嘉庆二十三年（1818）。碑阴水泥砌护，不详。近年修复重立。李大成于明洪武二年（1369）由四川省华阳县迁居昌邑金台村，为金台李氏始祖。其西侧有清顺治年间太原副总兵李好贤暨配戴、高氏墓碑，近年修复重立。青石质，方首，东向。碑身高1.4米，宽0.65米，厚0.19米。碑阳中题"皇清敕授骠骑将军李公讳好贤字德斋诰封元配夫人戴氏、继配夫人高氏墓"。碑阴水泥砌护，不详。其东侧有勉庵李公墓志，近年重立。青石质，方首，西向。碑身高1.76米，宽0.63米，厚0.17米。碑阳有碑文，首题"勉庵李公墓志"，尾署"中华民国二十三年二月谷旦立石"。碑阴空白。保存较好。

古建筑

- ◇ 奎聚街道
- ◇ 都昌街道
- ◇ 龙池镇
- ◇ 柳疃镇
- ◇ 卜庄镇
- ◇ 围子街道
- ◇ 饮马镇
- ◇ 北孟镇
- ◇ 石埠经济发展区

北胶莱河老河堤

胶莱运河昌邑段 【元~现代】

位于昌邑市与平度市交界。胶莱河之称与开凿均始于元朝。元世祖至元十七年（1280），为解决南粮北运的一系列问题，采纳莱州人姚演建议，自胶西陈村海口至掖县海沧口凿地300里，称"胶莱新河"，百姓则称其为"运粮河"。胶莱运河分南北两段，北胶莱运河发源于平度市万家镇姚家村分水岭北麓，沿平度与昌邑市边界北去，于昌邑市卜庄镇廒里村北流入莱州湾，全长约100千米，经昌邑市境河道长35.6千米。1973年，从昌邑库户庄以上开挖新河道，称"北胶新河"，并对胶莱运河昌邑段下游老河道进行疏浚。现主要用于灌溉和排洪。保存较好。

北胶莱河新河大闸

漩河、蒲河入胶大闸

北胶莱河与北胶新河交汇处

奎聚街道

虫埠村傅振邦故居 【清】

位于奎聚街道虫埠村内。砖木结构。现存正厅5间,东西长14.4米,南北宽6.4米;东厢房3间,南北长8.7米,东西宽3米;南厢房4间,东西长10.5米,南北宽4.85米;大门1座,东西长2.5米、南北宽5.9米;北屋3间,东西长9.4米,南北宽4.9米。保存较差。已公布为昌邑市文物保护单位。

傅振邦(1814~1883),字维屏,号梅村,虫埠村人。道光丙申科武进士,历官云南、直隶、湖北提督,诰封建威将军、光禄大夫,赐"绰克托巴图鲁"号,谥"刚勇"。《清史稿》有传。

姜氏祠堂 【清】

位于奎聚街道南隅村东北。砖木结构。始建于清嘉庆二十一年（1816），是昌邑姜氏大宗祠。道光八年（1828）、同治八年（1869）先后修缮。民国八年至十一年（1919～1921），昌邑豪绅姜续焘动员县内26个村中的姜姓富绅63人，集资对祠堂进行全面整修，始形成今天的风貌。整个建筑坐北朝南，占地面积974平方米，建筑面积418平方米，分为东、西、中3部分。中院有大门1座、东西厢房各3间、正厅5间、耳房4间。正厅硬山，顶覆小灰瓦，前出厦，有明柱6根，饰精美木雕。东、西厢房砖坐窗，卷棚式，硬山，覆小灰瓦，前出厦檐。大门10柱落地。西跨院北屋5间，南屋5间带大门1间，为族人会议和看守用房。东跨院原为空地。20世纪80年代修缮，保存较好。已公布为山东省文物保护单位。

南隅村姜家大湾 【宋】

位于奎聚街道南隅村东北。南北长约120米,东西宽约80米,面积约9600平方米。该湾始修于宋代,是昌邑城内主要排涝湾塘。明代为昌邑学者史载勋家族所有,名"寄绿湾"。清康熙年间,史姓将该湾卖于南隅刑部侍郎张志栋家族,此后一直为张氏家族所有。因湾地旧有十余亩大小,故村人俗称"十亩大湾",又以姜姓围湾而居,称"姜家大湾"。保存较差。

中庄头村红崖堤 【宋~现代】

位于奎聚街道中庄头村至南庄头村之间的潍河河道西侧。全长约300米,底宽30米,顶宽5米,高10米。该堤宋代始筑,历代多次修缮,近年内侧用石块护砌。保存较好。

文山古井 【宋】

位于奎聚街道于家山下村西50米文山烈士陵园内。砖石结构。井口方形,边长1.5米,深约30米。据传凿自宋代。保存较好。

南庄头村圩墙 【清】

位于奎聚街道南庄头村。现存东侧、北侧两段，总长约250米，底宽约10米，顶部宽3～4米。该圩墙建于清同治年间，20世纪60年代兴修潍河大堤时，将圩墙东侧、北侧临河一侧培护成堤，得以留存至今。其他部分于20世纪70～80年代逐渐拆除。保存较好。

都昌街道

刘家辛戈村刘乃赓故居 【清】

位于都昌街道刘家辛戈村内。共有2处，均为砖木结构。1号院现存北屋5间，东西长14.1米，南北宽5.8米，青砖到顶，带2层阁楼，前出厦，中有明柱2根，东、西山墙各有山窗1座。保存较好。2号院现存北屋5间，东西长14米，南北宽4.7米。西厢房2间，南北长6.5米，东西宽4.5米。保存一般。

刘乃赓，刘家辛戈村人。清光绪丁丑科进士，曾任广西兴安县知县。

刘乃赓故居2号院

刘乃赓故居1号院正厅

西马埠村圩墙 【清】

位于都昌街道西马埠村东南1000米司马埠上。黄土夯筑。东西长约500米，南北宽约300米。现存北墙、东墙及部分南墙、西墙，高1.5～2米不等。清咸丰年间由该村豪绅张联辉倡建。保存一般。

长流埠村刘氏家庙 【清】

位于都昌街道长流埠村西50米土埠上。砖木结构。现存正厅3间，东西长10米，南北宽4.8米，顶部已塌落。院门1座，宽1.27米，进深1.7米，两侧有"八字"影壁。院内有古柏2株，树径35厘米；柿树1株，树径25厘米。保存较差。

龙池镇

岱邱村郝家大井 【清】

位于龙池镇岱邱村南。砖石结构。井口6边形，青石砌就。井筒圆形，内径1.5米，青砖砌就，井筒上端嵌有清代重修铭文砖3块。保存较好。

东白塔村陈氏家庙 【清】

位于龙池镇东白塔村内。砖木结构。院落东西宽17.3米,南北长27.4米,占地474平方米。始建于清雍正三年(1726),雍正五年(1728)竣工。现存正厅3间、大门1座、耳房2间。正厅坐北朝南,东西长8.8米,南北宽4.9米,硬山,顶覆灰瓦,画檐出厦,明柱4根,上方封头方木分别刻"俎、豆、千、秋"4字。正厅门口上方原有段祺瑞手书的"有妼其昌"横匾(遗失)。正梁上有清光绪二十三年(1897)四月重修墨书题记。东山内墙南侧嵌有雍正五年(1728)"新修宗祠记"石刻;西山内墙南侧嵌有徐树铮书"陈氏族谱原序"石刻。大门东向,长3.8米,宽2.3米,门楣上方有成多禄书"陈氏家庙"匾额。左右耳房各2间,南北长均为3.5米,东西宽均为2.1米。正厅山墙外东西两侧各有石碑1幢,西边为祝椿年书陈干与王正廷"论青岛土地权书"及陈干"威案函电"碑(原碑存昌邑市博物馆),东边为陈干撰、万其谊书"陈氏宗祠碑"。院内冲大门西墙下有康有为、章太炎为陈干题词碑1幢(复制,原碑存昌邑市博物馆)。近年修缮,保存较好。已公布为潍坊市文物保护单位。

柳疃镇

高隆盛村古庙 【清】

位于柳疃镇高隆盛村西北侧。砖木结构。现存正殿3间，东西长8.9米，南北宽6.17米。内墙有清代彩绘壁画，绘"渔樵耕读"、"四君子"等内容，因受潮等原因，大面积剥脱。保存一般。

高隆盛村古井 【清】

位于柳疃镇高隆盛村西北侧。砖石结构。井口方形，边长1.5米，青石板平铺。井筒圆形，青砖围砌。保存较好。

柳疃村古井 【清】

位于柳疃镇柳疃村西北侧。砖石结构。井口方形，边长3.1米。原为柳疃街猪市的饮用水井。保存一般。

西玉皇庙村古井 【清】

位于柳疃镇西玉皇庙村村委东50米。砖石结构。井口方形，边长1米。原为西玉皇庙村吃水井。近年修整。保存较好。

刘家车道村刘氏家庙 【清】

位于柳疃镇刘家车道村西南。砖木结构。院落南北长20.3米，东西宽20米，占地400.6平方米。现存正厅5间，长12.8米，宽5米；东西厢房各5间，长13.3米，宽4.2米；西厢各5间，长15.6米，宽2.84米；大门1座，宽2.06米。院落内有古杨树4株。近年修缮。保存较好。

卜庄镇

韩家抚宁村韩氏家庙 【清】

位于卜庄镇韩家抚宁村中。砖木结构。现存正厅3间，长8.63米，宽4.8米；大门1间，宽2.88米。近年大门屋顶修缮，现为韩家抚宁村村委办公用房。保存较好。

李家抚宁村雁翅坝 【清】

位于李家抚宁村北1.2千米潍河东岸。建于清光绪年间，用三合土夯筑而成。顶部总长47米，宽5.5米。保存较好。

北张村抚宁堤2号

北张村抚宁堤1号

北张村抚宁堤 【清】

位于卜庄镇北张村西50米潍河东堤西侧。光绪二十一年（1895）修建，三合土夯筑。1号堤，长104米，顶宽2米，高约8米，底宽约10米；2号堤，长90米，高约8米，底宽约10米。保存完好。

刘庄村雹泉爷庙 【清】

位于卜庄镇刘庄村中。砖木结构。现存正殿3间，东西长8米，南北宽6.2米。青砖墙体，前出厦，明柱2根。内墙原有壁画，已涂刷。墙体部分坍塌，山花檐花均已残缺。保存较差。

姚家村古井 【清】

位于卜庄镇姚家村村委南50米。砖石结构。井筒圆形，直径1.5米，用石条修砌。保存完好。

马疃村石桥 【清】

位于卜庄镇马疃村中。南北长11.2米，东西宽7.45米，4孔，桥墩、桥面为花岗岩石条铺就。北侧部分坍塌。原位于出村路上，现已弃用。桥面上铺有清张兴邦父母等诰命碑多块。保存较好。

王家抚宁村圩墙 【清】

位于卜庄镇王家抚宁村西。黄土夯筑。南北长约200米，东西宽约5米，高约4米。清咸丰、同治年间筑。保存一般。

小韩家村土地庙 【清】

位于卜庄镇小韩家村东北。砖石结构。长0.9米，宽0.7米，高1.05米。分为庙顶、庙身、庙座3部分。庙顶为整块石料雕刻而成，庙身为砖砌，庙座为石板垫铺。旁有古皂角树1棵。近年修缮，保存较好。

围子街道

崔家村土地庙 【清】

位于围子街道崔家村东50米。砖石结构。东西长1.1米,南北宽0.8米,高1.2米。庙顶为硬山前带卷棚式样,由整块白砂石雕刻而成。庙前安放有清代石香炉2只。近年修缮,保存较好。

于家郚村育秀桥 【清】

位于围子街道于家郚村东南水沟上。南北向,两孔。桥面长5米,宽3米,由14块花岗岩长条石组成。桥东侧刻有"康熙五十四年二月十五日立"、"育秀桥"等字;桥西侧面刻有"同治十一年五月"、"民国廿四年"、"育秀桥"等字。该桥曾是连接于家郚村与其南侧的曲家郚村的重要桥梁,民国二十四年(1935)重修时,因靠近育秀中学,改今名。保存完好。

乔家村乔氏家庙 【清】

位于围子街道乔家村东。砖木结构。清道光年间购买民居改做家庙,现存正厅4间,大门1座。正厅东西长11.3米,南北宽4.8米;大门东西宽3米。院内有古柏2株。近年修缮。保存较好。

饮马镇

小营村隋氏家庙 【清】

位于饮马镇小营村南侧。砖木结构。建于清代中期。现存正厅5间、门楼1座。正厅为砖坐窗土坯房，东西长13.4米，南北宽4.3米。院内有古柏4株。保存较差。

饮马西北村饮马桥 【清】

位于饮马镇饮马西北村西北侧饮马池上。东西长11.5米，南北宽2.5米。桥面由35块条石组成，共有7孔。原为进出该村的主要通道，今弃用。保存较好。

吴沟村圩墙 【清】

位于饮马镇吴沟村。黄土夯筑。建于清同治年间。北侧及东侧部分残存,长约250米,底宽4米,顶宽1米,高2米。保存较好。

北孟镇

大南孟村吴氏家庙 【清~民国】

位于北孟镇大南孟村内。砖木结构。现存正厅3间,东西长8.8米,南北宽5.9米。硬山,青瓦覆顶,前出厦,有明柱4根。东山墙内侧嵌有民国十三年(1924)吴氏族人三修家庙碑,领袖人吴宗道,增广生吴炳光撰并书。吴氏始祖于明洪武二年(1369)由苏州迁来昌邑,清光绪年间,族裔陕西知府吴立亭倡建家庙。保存一般。

朱阳前村郭记烧锅胡同 【清】

位于北孟镇朱阳前村内。砖木结构。现存房屋14套66间，村民称为"烧锅胡同"。是著名的酒业老字号"郭氏烧锅"的生产经营旧址。郭氏家族自清初开始酿造经营高粱酒，至民国时期达到极盛，其产量能够满足方圆百里内群众的用酒需求。保存较好。

朱阳前村古井 【民国】

位于北孟镇朱阳前村北侧湾塘西南30米路西。井筒圆形,直径1.1米,井筒由碎石累砌而成。井口建国后修缮时铺有残碑及碾盘。碑刻青石质,方首。上截碑阳向上,额饰云龙纹,中有"圣旨"2字,下横题"敕旌节孝",有碑文。碑阴空白。保存一般。

前周家七沟村古井 【清】

位于北孟镇前周家七沟村西南。井口六边形,用石块垒砌而成,圆形,直径1米,井深10余米。保存较好。

老匙沟东村石桥 【清】

位于北孟镇老匙沟东村老匙沟河面上。东西向,长15.75米,宽2.2米。共有7孔,每孔桥面由4块花岗岩长条石铺就,是清代、民国时期该区域的主要道路桥梁。1976年老匙沟暴发洪水,部分桥体被冲毁。桥东南10米处尚存修桥碑记石座,碑身早年运至村内油坊用作机器底座。保存一般。

小南孟村刘氏家庙 【清】

位于北孟镇小南孟村内。砖木结构。建于清代道咸时期。院落南北长26米，东西宽24米，占地624平方米。现存正厅5间、大门1座、偏房1间、东侧门1座。正厅坐北朝南，正面砖坐窗，其余墙面均青砖到顶。屋脊正中有"挣星夺魁"陶塑，4条垂脊均饰吻兽，房檐4角饰有精美砖雕。前出厦，有明柱6根。院内有古柏2株。近年修缮。保存完好。已公布为昌邑市文物保护单位。

北孟一村刘瀛海故居 【清】

位于北孟镇北孟一村村内。土木结构。现存北屋10间,东西长25米,南北宽4.5米。保存一般。

刘瀛海(1855～1912),原名焕斗,字镜寰,北孟村人。曾任县视学兼劝学员长,以"破产兴学"闻名全县。在1912年"五·一八"惨案中,被县内反动势力杀害于城隍庙内。

小望仙庄村刘氏家庙 【清】

位于北孟镇小望仙庄村北侧。砖木结构。建于清道光时期。现存正厅4间,东西长11.6米,南北宽4.8米。另有西厢房3间。保存较差。

石埠经济发展区

初家营村圩墙 【清】

位于石埠经济发展区初家营村西。三合土夯筑。墙基铺有3层石基。残长77米,高4.5米,上宽0.4米,下宽2米。保存一般。

陈家流河村全神庙 【清】

位于石埠经济发展区陈家流河村西。砖木结构。现存正殿3间，东西长8.1米，南北宽5.2米。前出厦，明柱2根。近年修缮。保存完好。

红卫村三官庙、关帝庙 【清】

位于石埠经济发展区红卫村内。砖木结构。三官庙现存正殿3间，东西长9.46米，南北宽5.1米。庙内四壁尚有残留清代壁画，内容为风景人物、神话故事。关帝庙现存正殿3间，东西长5.5米，南北宽4.9米。两庙屋面原为青瓦，现更换为红瓦；屋脊原有吻兽，已残失；前廊明柱因腐朽用水泥立柱加固。保存一般。

红卫村三官庙　　　　　　　红卫村关帝庙

西金台村古井 【清】

位于石埠经济发展区西金台村内。井口方形，石条铺砌，上面有较深的绳痕。井筒圆形，直径0.8米，杂石垒砌，深约10余米。保存完好。

西金台村玉龙井 【明】

位于石埠经济发展区西金台村西南。井口圆形，直径1.5米，用宽约0.8米的青石精砌，上有较深的绳痕。井筒圆形，由石块垒砌而成，深约10余米。该村明代洪武年间由李姓立村，村人有"先有玉龙井，后有金台村"之说。此井常年不干，曾是村内6000余口人的主要水源。保存完好。

西金台村古楼 【明】

位于石埠经济发展区西金台村西北。砖木结构。现存3开间2层楼1座，坐北朝南，东西长8米，南北宽4.8米，高约12米。硬山顶，覆小青瓦。楼前、后各开4窗，2层东、西山墙各开1窗。该楼为明万历壬午科举人、户部主事李亚桂故居。李亚桂致仕后，在村内同时建起3座形制完全相同的2层高楼，分别为：北楼，即今天所见之古楼；南楼，1958年拆除；西楼，清末拆除。保存一般。

石窟寺及石刻

- ◇ 奎聚街道
- ◇ 都昌街道
- ◇ 龙池镇
- ◇ 柳疃镇
- ◇ 卜庄镇
- ◇ 围子街道
- ◇ 饮马镇
- ◇ 北孟镇
- ◇ 石埠经济发展区
- ◇ 下营镇

奎聚街道

草庵村节孝傅氏墓道碑 【清】

位于奎聚街道草庵村东公墓南端。青石质，圆首，南向。碑身高1.8米，宽0.68米，厚0.22米。碑阳额及两边饰双龙戏珠纹，中题"志坚金石"4个大字。上款题"敕旌节孝张坤玉之妻傅孺人墓道碑"，下款题"宣统元年十一月谷旦"。碑阴有碑文。保存较好。

草庵村张存三暨配常氏墓碑 【清】

位于奎聚街道草庵村西北20米。青石质，圆首。碑身长1.75米，宽0.66米，厚0.21米。碑阳向上，额及两边饰双龙戏珠纹，下边饰海水纹，中题"皇清太学生存三张公暨德配常孺人之墓"，上款题"宣统元年闰二月谷旦，丙山壬向"，下款为立石子孙题名。碑阴向下，不详。保存较好。

石臼村石臼 【明】

位于奎聚街道石臼村北100米处。边长0.75～0.8米，高0.46米。杵坑内径0.45米，深0.3米。四角各有一内径0.1米的小坑。一侧边上刻有"石九"2字。保存较好。

石臼村董梦花暨配初氏墓碑 【清】

位于奎聚街道石臼村北30米处入村路西侧。青石质，圆首，西向。碑身高1.48米，宽0.6米，厚0.15米。碑阳额及两边饰龙纹，中题"皇清处士讳梦花字笔彩暨配节孝初氏之墓"，上款题"光绪十五年月日谷旦"，下款题"孙：长中立石"。碑阴有碑文，首题"节孝初氏碑记"，尾署"阖学：王禄三、董殿康、徐鸿阳、董口廷全拜"。保存较好。

虫埠村傅振邦官衔碑 【清】

位于奎聚街道虫埠村南20米路西。青石质，碑头遗失。碑身长2.04米，宽0.9米，厚0.32米，大部掩埋入土中。据介绍：碑文为晚清大臣傅振邦衔名，俗称"夸官碑"。保存较好。

高家道照村高怀芳墓碑　【清】

位于奎聚街道高家道照村北20米。青石质，方首。碑身长1.63米，宽0.65米，厚0.23米。碑阴向上，周饰龙纹，有碑文，首题"清诰赠朝议大夫虞贡生公墓表"，尾署"赐进士出身、光禄大夫、吏部左侍郎、上书房行走、军机大臣通家弟胶州匡源顿首拜撰文，敕授征仕郎、丁酉科拔贡、朝考二等、汶上县教谕加一级愚子婿平度陈荣泌顿首拜书丹"。碑阳向下，不详。保存较好。

五里村碑刻　【清】

位于奎聚街道五里村东一古井上。共有2幢，均为青石质，圆首。其一，□氏祖茔碑，碑身长1.7米，宽0.67米，厚0.21米。碑阴向上，周饰回纹，有碑文，主要记载了明末□氏由湖北襄阳府枣阳县迁居昌邑铁匠营，后又迁居黑埠，以及两村祖茔的情况。碑阳向下，不详。其二，葛元桂暨配王、李氏墓碑，碑身长1.7米，宽0.71米，厚0.17米。碑阳向上，额及两边饰双龙戏珠纹，下边饰海水纹，中题"皇清处士葛公讳元桂字德臣暨原配王、节孝李氏之墓"，上款题"光绪二十年岁次甲辰二月谷旦"，下款题"男瑞年立石，丁山癸向"。碑阴向下，不详。保存完好。

黑埠村碑刻　【清】

位于奎聚街道黑埠村西500米农用桥上。共有3幢，均为青石质，碑阳向上。其一，中题"皇清处士济农王公原配节孝董孺人之墓"，上款题"咸丰七年岁次丁巳二月谷旦"；其二，中题"皇清处士宗□杨公□□节孝徐太君之墓"，上款题"道光十三年冬月谷旦"；其三，中题"清例赠节孝希圣王公原配董孺人墓"，上款题"宣统二年六月谷旦"。碑阴向下，不详。保存一般。

高家岔河村旗杆石 【清】

位于奎聚街道郭家岔河村郭永寿院墙东侧。2件，青石质。为道光辛丑科武进士郭殿魁旗杆台顶用石。方形，边长0.77米，中孔直径0.34米，内口高0.25米，边沿高0.17米，上饰云纹。保存完好。

建设村重修增福庙碑 【清】

位于奎聚街道建设村东侧。青石质。碑身残长0.76米，宽0.67米，厚0.2米。碑阴向上，记载重修增福庙捐款善人姓名及捐款数额。碑阳向下，不详。碑座长1.08米，宽0.6米，高30.7米。保存较差。

石湾店南村韩氏祖茔赡田记 【清】

位于奎聚街道石湾店南村东潍河大堤东侧公墓内。青石质，方首。碑身长1.56米，宽0.62米，厚0.18米。碑阳向上，周饰回纹，有碑文，首题"韩氏祖茔赡田记"，邑人徐兰芳撰书。碑阴向下，不详。保存较好。

蔺家庄村水利碑 【民国】

位于奎聚街道蔺家庄村东500米潍河西岸。青石质，方首，西向。碑身高1.29米，宽0.54米，厚0.13米。碑阳有碑文，主要记载了民国七年（1918）为兴修水利，号召沿潍河大堤栽树，禁止随便取土，违者罚款等事宜。碑阴空白。近年潍河河道出土，村民蔺元松重立。保存较好。

蔺家庄村潍河桥梁碑 【明】

位于奎聚街道蔺家庄村东500米潍河西岸。青石质，方首，西向。碑身高1.2米，宽0.57米，厚0.1米。碑阳边饰缠枝纹，首题"潍河桥梁碑记"，主要记载了明万历四十年（1612）昌邑修建潍河桥的经过。碑阴空白。近年潍河河道出土，村民蔺元松重立。保存较好。

蔺家庄村万善同归碑 【民国】

位于奎聚街道蔺家庄村东50米潍河大堤东侧。青石质，圆首，东向。碑身高1.77米，宽0.65米，厚0.18米。碑阳额及两边饰双龙戏珠纹，下边饰海水纹，中题"万善同归"4个篆书大字，上款题"民国……"，下款为立碑人题名。碑阴为捐修庙宇善人题名。近年重立。保存较差。

南庄头村石函 【宋】

位于奎聚街道南庄头村东潍河大堤东侧。青石质，东西向放置。长1.25米，宽0.7米，高0.43米。由整块石料凿制而成，四周及内壁无纹饰，函盖已缺失。保存一般。

王葛山下村王掇芳暨配汪、刘氏墓碑 【清】

位于奎聚街道王葛山下村东。青石质，圆首，东向。碑身高1.7米，宽0.68米，厚0.21米。碑阳额及两边饰双龙戏珠纹，下边饰海水纹，中题"皇清处士王公讳掇芳字采臣暨原配汪、节孝刘氏之墓"，上款题"光绪二十五年十一月谷旦"，下款题"男：举住立石，庚山甲向"。碑阴额饰牡丹纹，边饰回纹，有碑文，尾署"眷谊邑庠生李□卿拜撰，世谊邑庠生朱鹏九拜书"。近年重立。保存较好。

王葛山下村王召堂暨配潘氏墓碑 【民国】

位于奎聚街道王葛山下村公墓内。青石质，方首。碑身已断裂，长1.32米，宽0.61米，厚0.2米。碑阳向上，周饰回纹，中题"清处士王公召堂字□廷德配节孝潘孺人之墓"，上款题"民国二十年正月谷旦"，下款题"男：舜芳，孙：志刚孝立，坤山艮向"。碑阴向下，不详。保存较差。

辛置三村魏公暨配褚氏墓表 【清】

位于奎聚街道辛置三村村委东50米路北。青石质，方首。碑身长1.8米，宽0.71米，厚0.11米。碑阳向上，周饰回纹，有碑文，尾署"甲辰科邑庠生刘炳□谨撰，邑人叶鸣□敬书"。碑阴向下，不详。保存一般。

辛置三村魏氏墓茔志 【清】

位于奎聚街道辛置三村村委东50米路北。青石质，方首。残长0.87米，宽0.65米，厚0.15米。碑阳向上，有碑文，首题"墓茔志"，记述辛置村魏氏由来及祖茔概况。保存较差。

吴家辛庄村吴克思墓碑 【清】

位于奎聚街道吴家辛庄村西50米公墓内。青石质，方首。碑身长1.78米，宽0.73米，厚0.22米。碑阴向上，周饰回纹，有碑文，题为"皇清岁进士乡谥文瑞先生礼堂吴公墓碑"，尾署"道光十八年十月谷旦，青城县教谕受业门生张蔚文顿首拜撰"。碑阳向下，不详。保存较好。

吴家辛庄村吴子云墓碑 【清】

位于奎聚街道吴家辛庄村东北100米果园中。青石质，方首。碑身长1.85米，宽0.7米，厚0.22米。碑阳向上，周饰龙纹，中题"皇清太学生子云吴公之墓"，下款题"孝男：汝济，孙：枫龄、檀龄、桓龄奉祀"。碑阴向下，不详。保存较好。

杨家洼村碑刻 【清】

位于奎聚街道杨家洼村公墓西南角。共有3幢,均为青石质。其一,碑身长1.81米,宽0.7米,厚0.22米。碑阳向上,额及两边饰双龙戏珠纹,中题"皇清太学生、乡饮大宾杨公讳殿英字俊卿暨元、继配王、姜宜人之墓",上款题"光绪十年四月谷旦"。其二,碑身长1.83米,宽0.7米,厚0.22米。碑阳向上,额及两边饰双龙戏珠纹,中题"皇清处士吉堂杨公暨配阎氏之墓",上款题"光绪元年十月"。其三,碑阳向下,不详。保存较差。

徐家鄢水村徐氏祖茔碑 【清】

位于奎聚街道徐家鄢水村徐氏家庙东墙外。青石质,方首。碑身长1.15米,宽0.64米,厚0.15米。碑阳向外侧立,周饰回纹,中题"徐氏祖茔"4个大字,上款题"大清道光十八年二月",下款题"阖族全立"。碑阴向内,不详。保存一般。

东逄翟村翟耀东善行碑 【民国】

位于奎聚街道东逄翟村东100米公墓内。青石质,圆首。碑身已断裂,长1.7米,宽0.65米,厚0.2米。碑阴向上,额饰双龙戏珠纹,两边饰回纹,有碑文,首题"耀东翟公善行记",尾署"邑庠生愚表兄王廷俊□□□,郡增生愚表弟宋德基□□敬书,中华民国十年立"。碑阳向下,不详。保存较差。

张家辛庄村张氏祖墓碑 【清】

位于奎聚街道张家辛庄村东北50米。青石质,圆首,南向。碑身高1.73米,宽0.68米,厚0.2米。碑阳额及两边饰双龙戏珠纹,下边饰海水纹,中题"张氏祖墓"4个大字,上款题"大清嘉庆二十四年三月二十六日",下款题"阖族人同立"。碑阴边饰回纹,有碑文,记载昌邑张氏由来及茔地购置情况。保存较好。

于家山下村重修文山庙宇碑 【清】

位于奎聚街道于家山下村东侧。青石质,圆首。碑身长1.67米,宽0.7米,厚0.18米。碑阳向上,额及两边饰双龙戏珠纹,下边饰海水纹,碑文主要记载了重修昌邑文山"文昌殿"、"奎星楼"、"启圣宫"、"王母宫",创建"药王殿"、"玉皇殿"等事宜,同时介绍了工程主持者的情况,尾署"邑庠生王椿年沐手撰,花翎知府衔、候选同知齐荩臣沐手书,光绪十一年九月谷旦"。碑阴向下,内容为捐款善人题名。保存较好。

都昌街道

南店村碑刻 【清】

位于都昌街道南店村西500米。共有5幢，均为青石质。其一，节孝隋氏墓碑，圆首。碑身长1.75米，宽0.7米，厚0.22米。碑阴向上，周饰回纹，有碑文，首题"节孝隋孺人墓志"。碑阳向下，不详。其二，夏公原配陈氏墓碑，圆首，碑身长1.74米，宽0.67米。碑阳向上，周饰回纹，中题"皇清处士夏公原配陈氏之墓"，上款题"公讳成统，字甸九"，下款题"嘉庆拾陆年岁次辛未月吉旦，孝曾孙：监生书田、元孙：荣光、韶光立石"，碑下横题"坤山艮向"。碑阴向下，不详。其三，圆首，碑身长1.68米，宽0.67米，厚0.24米。碑阴向上，额饰双龙戏珠纹，周饰回纹，有碑文，内容为北逯李氏渊源及祖茔情况，尾署"邑廪生臧圣和志"。碑阳向下，不详。其他2幢下部残损，碑阳向下，不详，碑阴向上，无文字。保存一般。

东永安村丛氏先茔碑 【清】

位于都昌街道东永安村西。青石质，圆首，南向。碑身高1.48米，宽0.66米，厚0.18米。碑阳额饰双龙戏珠纹，边饰回纹，中题"丛氏先茔"4个大字，上款题"光绪二十六年五月谷旦"，下款题"阖族同立"。碑阴有碑文，主要记载了东永安村丛氏渊源及后世分支等。近年新修碑亭。保存较好。

东永安村重修孙膑、王母庙碑 【清】

位于都昌街道东永安村西孙膑、王母庙院内东南角。青石质,圆首,西向。碑身高1.55米,宽0.67米,厚0.11米。碑阳有碑文,尾署"大清光绪二年正月"。碑阴空白。近年修复重立。保存较好。

家庄村碑刻 【清~民国】

位于都昌街道家庄村西南80米。共有4幢,均为青石质。其一,碑阳向上,中题"清处士齐公讳克昌字裕昆暨元、继配马、翟氏之墓",上款题"壬戌年二月谷旦"。其二,碑阳向上,中题"齐由庚暨德配刘孺人之墓碑",已残。其三,碑阴向上,为一墓表,尾署"愚表叔吴宗泰顿首拜撰,邑庠生齐由庚沐浴敬书"。其四,被叠压,内容不详。保存较差。

前南逯村黄中洲暨配韩氏墓碑 【民国】

位于都昌街道前南逯村西南入村路西侧。青石质，方首。碑身长1.8米，宽0.77米，厚0.24米。碑阳向上，周饰回纹，中题"清封奉直大夫黄公讳中洲字卫卿暨德配韩宜人之墓"，上款题"中华民国十一年九月日"。碑阴向下，有碑文。南侧15米处有碑座。保存较好。

榆林村史云祥妻王氏节孝碑 【清】

位于都昌街道榆林村西200米公墓内。青石质，圆首，东南向。碑身高1.7米，宽0.7米，厚0.22米。碑阳额饰双龙戏珠纹，两边饰回纹，中题"敕旌节孝云祥史公元配王太安人之墓"，上款题"光绪七年十一月谷旦"，下款为立碑子孙题名。碑阴有碑文，尾署"候选知县前任济阳县儒学正堂张联辉□□"，后为阖学题名。近年新址重立。保存一般。

南鄂亭村天语扬贞碑 【清】

位于都昌街道南鄂亭村内东西大道北侧。青石质。雕龙碑头长0.87米，宽0.87米，厚0.32米，中篆刻"圣旨"2字。碑身残长1.07米，宽0.72米，厚0.32米。碑阳向上，两边饰双龙戏珠纹，中题"天语扬贞"4个大字，"天"字残损，"语"字上半部缺失。碑阴向下，不详。保存较差。

南鄑亭村节妇王刘氏碑志铭 【民国】

位于都昌街道南鄑亭村内东西大道西侧。青石质，方首。碑身长1.76米，宽0.71米，厚0.23米。碑阴向上，有碑文，首题"节妇王刘氏碑志铭"，尾署"清邑庠生、师范毕业褚林焱鞠躬敬撰，赠贡生、师范毕业齐怀莘沐手敬书。阖学：丛立刚、黄铭吉、陈述典、宋德基"。碑阳向下，不详。保存较好。

南兴福村林氏先茔碑 【清】

位于都昌街道南兴福村西北200米公墓东南角。青石质，方首，南向。碑身高1.77米，宽0.72米，厚0.22米。碑阳周饰回纹，中题"林氏先茔"4个大字，下款题"大清道光七年六月上浣谷旦，合族立石"。碑阴有碑文，主要记载了南兴福林氏的繁衍分支情况。近年新址重立，上建碑亭。保存较好。

南兴福村林云峰墓道碑 【民国】

位于都昌街道南兴福村西200米公墓东南角。青石质，方首，南向。碑身高1.73米，宽0.72米，厚0.25米。碑阳周饰回纹，中题"中学毕业生林君讳云峰字岫生谥文惠先生墓道表"，上款题"民国十二年十一月"，下款题"清光绪癸卯科举人唐学三撰"。碑阴有参与立碑的90名弟子题名。近年新址重立，上有碑亭。保存较好。

马家村碑刻 【清~民国】

位于都昌街道马家村东南岩山路与利民街交汇处。共有7幢,均为青石质。可辨识者有:节孝□氏墓碑、刘人信暨配隋孺人墓碑、刘德符暨配王氏墓碑、节孝张孺人墓碑、刘儒宗暨配于徐氏墓碑。保存较差。

史家洼子村史氏祖茔碑 【清】

位于都昌街道史家洼子村西南公墓北端。青石质，圆首，北向。碑身高1.51米，宽0.63米，厚0.18米。碑阳中题"史氏祖茔"4个大字，碑阴有碑文，记叙史氏渊源及分支。近年新址重立。保存较好。

巡堡村史庭辉门生碑 【民国】

位于都昌街道巡堡村西湾塘南端。青石质，方首。碑身长1.9米，宽0.75米，厚0.22米。碑阴向上，为史庭辉229名弟子题名。碑阳向下，不详。保存一般。

史庭辉，巡堡村人。早期同盟会员，一生从事教育。

角埠村刘氏始祖墓碑 【不详】

位于都昌街道角埠村南500米处。青石质，方首，南向。碑身高1.63米，宽0.71米，厚0.2米。碑阳中题"刘氏始祖之墓"，右侧有碑文，记叙刘氏渊源。碑阴空白。近年重立。保存较好。

王耨村碑刻　【清~民国】

位于都昌街道王耨村西北100米土埠东侧农用桥上。共有2处，碑刻9幢，均为青石质，可命名者3幢。其一，乡饮大宾邢文华墓碑；其二，太学生邢中甫先生墓表；其三，清例授修职郎乡饮介宾邢懋修墓碑。保存较差。

双台一村碑刻　【清~民国】

位于都昌街道双台一村西南500米农田中。共有4幢，均为青石质。其一，李毓兰节孝碑。圆首，碑身长1.81米，宽0.68米，厚0.22米。碑阴向上，额饰五蝠捧寿纹，两边饰回纹。有碑文，尾署"光绪庚子辛丑并科举人宋魁升撰"。其二，李兆昭墓碑。方首，碑身长1.66米，宽0.67米，厚0.17米。碑阳向上，边饰回纹，中题"皇清处士李兆昭字光远敕旌节孝孺人马氏合葬墓"，上款题"同治七年冬十月谷旦"。其三，乐神庙记碑。圆首，碑身长1.61米，宽0.63米，厚0.17米。碑阳向上，横题"永垂不朽"，有碑文，首题"乐神庙记碑"，尾署"庠生宋伯森撰并书，善人李见岳、曰琳、大绍、美珠、起生；李新大、曹坤、李安邦、李希德，大清光绪十四年十月谷旦"。其四，碑阴向上，无字。碑身长1.81米，宽0.7米，厚0.17米。保存较差。

宋家楼村碑刻1 【清~民国】

位于都昌街道宋家楼村村委大门东侧。共有4幢，均为青石质。其一，重修玉皇庙关帝祠碑记；其二，昌邑县正堂招谕禁碑；另2幢为墓碑。保存较差。

宋家楼村碑刻2 【清】

位于都昌街道宋家楼村北300米农田侧。共有2幢，均为青石质。其一，黄公暨配张氏墓碑，圆首。碑身长1.38米，宽0.62米，厚0.16米。碑阳向上，额饰云纹，两边饰缠枝纹，中题"皇清处士黄公暨配张氏合祔之墓"，上款题"同治十二年十月谷旦"。碑阴向下，不详。其二，已残，可见部分捐款题名。保存较差。

北马埠村韩学程妻于氏节孝碑 【清】

位于都昌街道北马埠村内东西大道北侧。青石质,方首。碑身长1.6米,宽0.7米,厚0.2米。碑阴向上,边饰回纹。有碑文,尾署"潍阳壬戌恩科举人高济元拜撰;阖学:夏丰霖、张绍元、黄申东、史景隆、□□森、张以俊、史景清、张贯之仝拜"。碑阳向下,不详。保存一般。

西马埠村碑刻 【不详】

位于都昌街道西马埠村西300米湾塘中。共有2幢,均为青石质。其一,碑身长1.52米,宽0.63米,厚0.22米。碑阴向上,额饰双龙戏珠纹,边饰回纹,有碑文,内容为重修庙宇捐款事宜及捐资题名。其二,碑身残长1.04米,宽0.63米,厚0.22米。碑阴向上,横书"万善同归"4字,下为捐款善人题名。碑阳向下,不详。保存一般。

肖家埠村碑刻1 【民国】

位于都昌街道肖家埠村西200米农用桥上。共有2幢，均为青石质，圆首。其一，碑阳向上，额饰双龙戏珠纹，边饰回纹，中题"金石同贞"4个大字，上款磨损，下款题"民国十六年十月谷旦"。碑阴向下，不详。其二，碑阳向上，额饰双龙戏珠纹，边饰八仙人物纹，中题"清处士肖公讳维桢字荩臣暨元、继配李、马氏墓志碑"，上款题"民国二十五年十月谷旦"，下款题"嗣男：曰贵立石"。碑阴向下，不详。保存较差。

肖家埠村碑刻2 【民国】

位于都昌街道肖家埠村西南200米乡间土路西侧。碑身已失，仅存碑座、碑帽，均为青石质。碑座长1.42米，宽0.85米，高0.3米。座面平整，四角雕圆形足。碑帽长1.8米，宽0.5米，高0.45米。庑顶式，上饰双凤朝阳、梅花、牡丹等纹饰。保存较好。

徐林庄村碑刻 【清】

位于都昌街道徐林庄村东700米公墓内。共有3幢，均为青石质。其一，齐忠礼暨配王、刘氏墓碑。圆首，西向。碑身高1.65米，宽0.61米，厚0.19米。碑阳额及两边饰双龙戏珠纹，中题"皇清处士齐公字荩臣讳忠礼暨元、继配王、刘氏之墓"，上款题"光绪十年十月谷旦"，下款题"奉祀男：锡铎，孙：乃心、康，曾孙：德昌立石"。碑阴空白。其二，齐德懋暨配宋、刘氏墓碑。方首，西向。碑身高1.75米，宽0.65米，厚0.19米。碑阳额饰双龙戏珠纹，边饰回纹，中题"皇清处士齐公讳德懋字兆官暨元、继配宋、刘氏碑口"，上款题"光绪三十一年十二月谷旦，艮山坤向"，下款题"奉祀男：秉魁，孙：文彩、江立石"。碑阴不详。其三，齐德重暨配徐氏墓碑。圆首，西向。碑身高1.75米，宽0.61米，厚0.23米，已断裂。碑阳额饰双龙戏珠纹饰，边饰八仙人物纹，中题"皇清处士齐公讳德重字厚斋暨德配徐氏之墓"，上款题"宣统二年十一月二十六日谷旦"，下款题"奉祀男：秉魁，孙：文彩、江立石"。碑阴不详。保存一般。

徐家北逄村徐月林暨配翟、魏氏诰命碑 【清】

位于都昌街道徐家北逄村村委院内。青石质，方首。碑身长1.79米，宽0.78米，厚0.22米。碑阴向上，两边饰云纹，下边饰海水纹，碑文为徐河清父徐月林暨母翟氏、魏氏诰命，尾署"咸丰十年正月初一日颁"。碑阳向下，不详。保存较差。

徐河清（1811～1868），原名镔，字华野，号萌泉，徐家北逄村人。咸丰壬子科进士，历官至署贵州贵东兵备道兼理司南府知府。晚清诗人。

徐家北逄村徐蕙暨配董氏墓碑 【清】

位于都昌街道徐家北逄村村委院内。青石质，方首。碑身长1.63米，宽0.67米，厚0.16米。碑阳向上，边饰回纹，中题"皇清例授登仕郎徐公暨配董孺人之墓"，上款题"□讳蕙字馨枝"，下款题"同治九年三月谷旦，孙：□、□、锴、瑛，曾孙：文进、文周、文中、文炳、文俟、文祐、文统，元孙：永康、永成、永善、永喜立石"。碑阴向下，不详。保存一般。

徐家北逄村徐经世暨配李、刘、翟氏墓碑 【清】

位于都昌街道徐家北逄村村委院内。青石质，方首。碑身下段缺失，残长1.06米，宽0.63米，厚0.16米。碑阳向上，边饰回纹，中题"皇清岁贡生、候选训导乡谥□静先……"，上款题"公讳经世，字君理，元配李孺人、继配刘孺人、再继配翟孺人俱附葬此"。下款题"道光二十五年谷旦，孙：月林，曾孙：镔、铤、钧、瑛、□、□、□、□、锴、锋，元孙：……"碑阴向下，不详。保存较差。

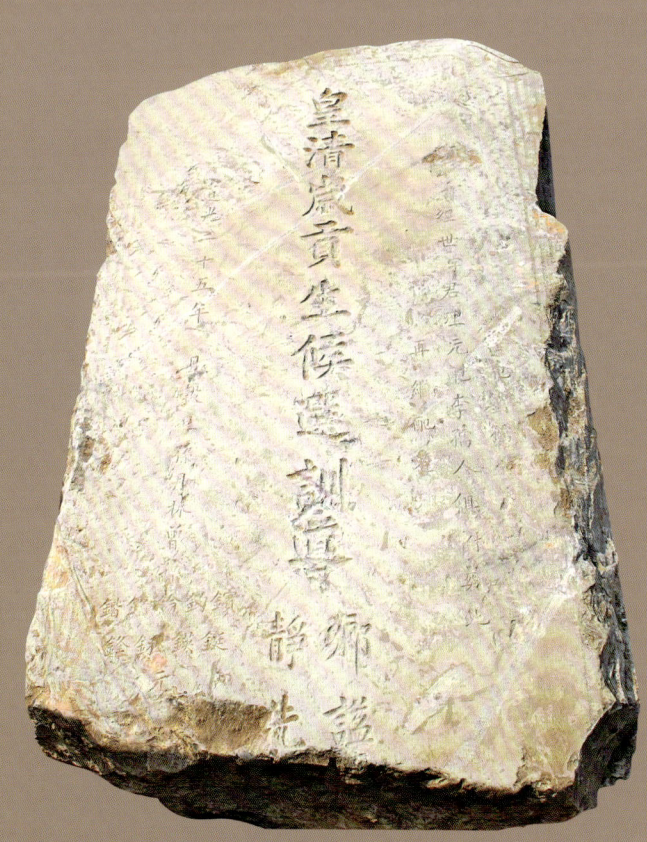

徐家北逄村徐乃铭暨配刘氏诰命碑 【清】

位于都昌街道徐家北逄村村委院内。有碑头、碑身两部分。碑头深浮雕双龙戏珠。碑身长2.4米，宽0.98米，厚0.3米。碑阴向上，两边饰云纹，下边饰水波纹，有碑文，为同知衔徐文理父徐乃铭、母刘氏诰命。碑阳向下，不详。保存一般。

南裴庄村杨茂春暨配张、孙、王、孙氏墓碑 【民国】

位于都昌街道南裴庄村东南约500米农田中。青石质，方首，东南向。碑身高2米，宽0.85米，厚0.25米。碑阳额饰双龙戏珠纹，边饰回纹，中题"清封文林郎、授通政大夫杨公讳茂春字曦和暨德配张、徐、王、孙宜人之墓"，上款题"中华民国十六年十月谷旦"，下款题"男：玉田、玉树暨孙：其干、其栋、其屏、其桢立石"。碑阴有碑文，记载了杨氏4代人自光绪四年（1878）始，前后半个多世纪开辟"昌邑茧绸"南洋市场的历史。尾署"二等大绶嘉禾章、教育次长世愚侄林修竹拜撰，宣统乙酉科拔贡、山东教养局局长乡愚侄张书绅书丹。"是迄今发现的详细记载以"昌邑茧绸"为代表的中国茧绸业南洋商路开辟的重要实物资料。保存较好。

中裴庄村张文友暨配李氏墓碑 【清】

位于都昌街道中裴庄村村委院内。青石质，圆首。碑身长1.78米，宽0.71米，厚0.22米。碑阳向上，中题"敕旌节孝孺人张公讳文友字仁齐德配李孺人墓碑"，上款、下款均残损不清。碑阴向下，不详。保存较差。

中裴庄村碑刻 【清～民国】

位于都昌街道中裴庄村西南1.5千米引黄干渠东侧。原为桥基，由十几块碑座、碑身组成，均为青石质，散落在南北长6米，东西宽4米的范围内。可辨碑刻有：张怀东妻孙氏节孝碑1幢，方首，碑身残长1.1米，宽0.7米，厚0.22米。碑阳边饰缠枝纹，中题大字"孝慈□□"，上款题"旌表儒童张怀东之妻孙氏节孝碑"，下款题"宣统二年三月吉日立石"。碑阴边饰回纹，有碑文，首题"清敕旌节孝孺人张太孺人、孙孺人碑序"。□氏祖茔碑1幢，残断。保存较差。

龙池镇

油坊村陈氏节孝碑 【清】

位于龙池镇油坊村磨坊内。青石质，原有雕龙碑头，已遗失。碑身长1.67米，宽0.81米。碑阴向上，周饰回纹，有碑文，首题"节孝氏陈碑"，下款为"邑庠生姻愚晚范钦斋顿首拜撰，邑庠生表愚孙魏百魁顿首拜书。阖学：张春岩，陈述典，陈镜海，迟□鉴全拜"。碑阳向下，不详。保存较好。

油坊村魏养本门生碑 【清】

位于龙池镇油坊村磨坊内。青石质，碑身残长0.6米，宽0.6米。碑阴向上，周饰回纹，尚存部分碑文。碑阳向下，不详。

魏养本，油坊村人。善诗文，教授生徒，多所成就。曾参修乾隆本《昌邑县志》。

油坊村魏文江墓碑 【清】

位于龙池镇油坊村东北侧。青石质，方首。仅存上段，残长0.87米，宽0.61米，厚0.15米。碑阳向上，边饰花草纹，中题"皇清处士讳文江字华三魏公……"，上款题"义行详载邑志"，下款题"乾隆三十七年七月十九日，孝子学书……"。碑阴向下，不详。保存较差。

东白塔村碑刻 【清~民国】

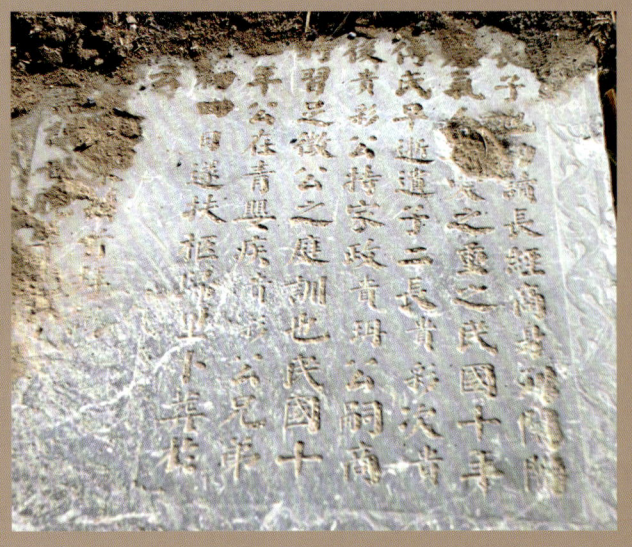

位于龙池镇东白塔村陈氏家庙南侧。其一，位于路西水渠上，共有2幢，分别为：举人陈锡周墓碑、陈述卿墓碑，均残断。其二，位于路东屋基上，有靳云鹏、康有为等为陈干先人题碑多幢。保存一般。

东白塔村陈文惠墓碑 【清】

位于龙池镇东白塔村陈氏家庙院内。白石质，圆首。碑身长1.83米，宽0.74米，厚0.2米。碑阳向上，额饰双龙戏珠纹，中题"明敕授文林郎、历任四川珙县、山西安邑县知县文慧陈公之墓"，上款题"生于万历十五年十一月"，下款题"卒于顺治十四年十二月一十一日未时；大清龙飞乾隆三十七年岁次壬辰复月二十七日戌午复长吉旦立石"。碑阴向下，不详。保存较好。

岱邱村迟氏祖茔碑 【清】

位于龙池镇岱邱村南300米。青石质，方首，南向。碑身高1.66米，宽0.69米，厚0.2米。碑阳上方横题"光前裕后"，中线刻"迟氏祖茔"4个大字，上款题"清乾隆三十五年三月吉旦"，下款题"第九代孙庠生廷基立"。碑阴有碑文，记载迟氏家族历史及茔地状况，尾署"阖族仝立"。近年重立，保存较好。

岱邱村迟元升暨配杨氏墓碑 【清】

位于龙池镇岱邱村东南水塘西。青石质，圆首。碑身长1.85米，宽0.72米，厚0.25米。碑阳额及边饰双龙戏珠纹，中题"皇清邑增生元升迟公配杨氏之墓"，上款题"咸丰四年岁次甲寅二月十七日谷旦，丁山癸向"。碑阴空白。保存较好。

岱邱村碑刻 【不详】

位于龙池镇岱邱村东北20米水塘北端。有残碑1段及碑座3块、石构件1块散落在东西长10米、南北宽20米的范围内。残碑碑阳向上，内容涉及柳疃银子市场，已大部磨损。保存较差。

岱邱村郝君惠墓碑 【不详】

位于龙池镇岱邱村东南水塘西侧。青石质。碑身长1.8米，宽0.71米，厚0.21米。碑阴向上，周饰回纹，有碑文，款题"□晚邑增生魏恒伦顿首拜撰，愚孙婿魏增璿顿首拜书"。碑阳向下，不详。保存一般。

果园村王氏祖茔碑 【清】

位于龙池镇果园村东20米南北路西侧。青石质，圆首，东向。碑身高1.6米，宽0.64米，厚0.16米。碑阳额饰双龙戏珠纹，边饰回纹，中题"王氏祖茔"4个大字，上款题"光绪三十二年三月谷旦"，下款题"阖族仝立"。碑阴空白。2002年王氏后裔于原址重立。保存较好。

王家庄子村低河石桥碑 【清】

位于龙池镇王家庄子村东北。青石质，方首，东向。碑身高1.1米，宽0.7米，厚0.2米。碑阳上方横题"低河石桥碑"，有碑文，广东陵水县令邑人韩名汉撰书。碑阴为捐款姓氏。保存较好。

楼子村范宗尧暨配杨氏墓碑 【清】

位于龙池镇楼子村东20米南北路东侧。青石质，圆首，南向。碑身高1.8米，宽0.71米，厚0.23米。碑阳额及两边饰龙纹，下边饰海水纹，中题"皇清恩荣耆德范公讳宗尧字希唐暨配杨氏之墓"，上款题："咸丰七年岁次丁巳三月谷旦"，下款为立石子孙题名。碑阴周饰回纹，有碑文，下款题"元孙：监生述道、立道谨识"。近年重立。保存较好。

王范庄村节孝董氏墓碑 【清】

位于龙池镇王范庄村西南150米公墓内。青石质，圆首，东北向。碑身高1.72米，宽0.69米，厚0.2米。碑阳额及两边饰双龙戏珠纹，中题"皇清敕旌节孝董安人之碑"，上款题"光绪二十二年十月谷旦，处士张继参之妻"，下款题"男：□暨孙：鸿祥、瑞，曾孙：若周立石"。碑阴空白。近年新址重立。保存较好。

王范庄村王三杰暨配郝氏墓碑 【清】

位于龙池镇王范庄村西南150米公墓西侧。青石质，圆首，东北向。碑身高1.45米，宽0.64米，厚0.16米。碑阳额及两边饰龙纹，中题"皇清处士三杰王公暨配郝氏节孝之墓"，上款题"辛酉科拔贡祝正辞，阖学：黄□式、魏恒伦、陈锡命、姜正则、魏文会仝立"，下款题"道光十五年三月谷旦，男：恭思，孙：希孔奉祀"。碑阴空白。近年新址重立。保存较好。

王范庄村张继英暨配韩、温、刘氏墓碑 【清】

位于龙池镇王范庄村西南150米公墓内。青石质，圆首，东北向。碑身高1.75米，宽0.71米，厚0.21米。碑阳额及两边饰双龙戏珠纹，中题"皇清乡饮介宾、太学生伟堂张公讳继英元、继、继配韩、温、刘孺人之墓"，上款题"宣统四年四月谷旦"，下款题"男：和□、光，孙：鸿烈、道，曾孙：曰望立石"。碑阴空白。近年新址重立。保存较好。

王范庄村张经元暨配刘、董、刘氏墓碑　【清】

位于龙池镇王范庄村西南150米公墓内。青石质，圆首，东北向。碑身高1.66米，宽0.68米，厚0.22米。碑阳上下端残损，两边饰龙纹，中题"皇清处士仲权张公讳经元元、继、继配刘、董、刘……"，上款题"光绪元年□月谷旦"，下款为立石子孙题名。碑阴空白。近年新址重立。保存较差。

王范庄村张美璧暨配刘氏墓碑　【清】

位于龙池镇王范庄村西南150米公墓内。青石质，圆首，东北向。碑身高1.7米，宽0.69米，厚0.21米。碑阳额及两边饰双龙戏珠纹，中题"皇清例授修职郎、乡饮耆宾美璧张公暨配刘氏之墓"，上款题"道光八年三月十一日谷旦"，下款题"男：敬宾、干宾、墨宾、焕宾、寅宾，孙：绰纲、经纲、钦续、维继、浤缨、绅统，曾孙：继尧、继曾、□□立石"。碑阴空白。近年新址重立。保存较好。

王范庄村张允恭暨配王氏墓碑　【清】

位于龙池镇王范庄村西南150米公墓内。青石质，方首，东北向。碑身下部残损，高1.27米，宽0.69米，厚0.15米。碑阳边饰回纹，中题"皇清敕旌节孝允恭张公原配王……"，上款题"同治五年四月谷旦"，下款为立碑子孙题名。碑阴空白。近年新址重立。保存一般。

龙北村魏氏祖茔碑 【民国】

位于龙池镇龙北村西北侧。青石质，方首，西向。碑身高1.73米，宽0.68米，厚0.19米。碑阳周饰回纹，中题"魏氏祖茔"4个大字，上款题"民国十四年岁次乙丑闰四月中浣建石"。碑阴有碑文，首题"魏氏重建碑记"，尾署"族人百魁沐手书识"。近年重立。保存较好。

齐西村齐恩铭墓道碑 【民国】

位于龙池镇齐西村南100米公墓内。青石质，西北向。碑头高0.7米，宽0.75米，厚0.25米。雕双龙戏珠，中刻"圣旨"2字。碑身高1.75米，宽0.75米，厚0.25米。中题"清诰授昭武都尉、钦点头等侍卫、乾清门行走勋臣齐公墓道碑"，上款题"中华民国四年阴历一月吉日"。碑阴有碑文，尾署"清庚子、辛丑并科举人世愚弟宋迓升顿首拜撰并书"。近年重立。保存较好。

齐西村齐梦弼墓碑 【清】

位于龙池镇齐西村南100米公墓内。青石质，圆首，西南向。碑身高1.75米，宽0.68米，厚0.25米。碑阳额饰双龙戏珠纹，两边饰八仙人物纹，中题"皇清恩荣耆德殿卿齐公之墓"，上款题"同治十三年六月谷旦"，下款题"孙：增履，曾孙：唯堂、振孔、颜，元孙：恩深、澍、渥、涛、澜立石"。碑阴额饰瑞鸟祥云纹，两边饰缠枝莲纹，有碑文，首题"齐殿卿公墓志"，下署"壬午恩科举人世晚吴绰顿首拜撰，郡庠优廪膳生世再晚孟广名顿首"。近年重立。保存较好。

孙家庄村孙纯蝦暨配魏氏墓碑 【不详】

位于龙池镇孙家庄村内东侧。青石质，圆首。碑身长1.75米，宽0.7米，厚0.19米。碑阴向上，额饰凤凰牡丹纹，边饰回纹，有碑文，尾署"阖学：范钦□、王□瑞……"碑阳向下，不详。保存较差。

孙家庄村孙德杰暨配徐氏墓碑 【清】

位于龙池镇孙家庄村内。青石质，方首。碑身上端断裂，长1.45米，宽0.64米。碑阳向上，边饰龙纹，中题"皇清处士讳湜字德杰孙公原配徐氏节孝之碑"，下款题"子：立统，孙：式□、式古、式燕奉祀"。碑阴向下，不详。保存较差。

瓦西村徐氏节孝碑 【不详】

位于龙池镇瓦西村北湾塘边。青石质，圆首。碑身长1.74米，宽0.72米，厚0.19米。碑阳向上，额及边饰龙纹，中题"贞心不朽"4个大字，上款题"采访待旌节孝徐孺人墓□"。碑阴向下，不详。保存较差。

瓦西村赵英华暨配孙、王氏墓碑 【清】

位于龙池镇瓦西村北湾塘边。青石质，圆首。碑身长1.76米，宽0.71米，厚0.2米。碑阳向上，额及两边饰双龙戏珠纹，中题"皇清处士英华赵公暨元、继配孙、王氏之墓"，上款题"咸丰五年二月十九日谷旦"，下款题"男：治业，孙：好礼、学、信立石"。碑阴向下，不详。保存较好。

马渠村魏协朋墓碑 【清】

位于龙池镇马渠村西北500米。青石质，圆首。碑身高1.47米，宽0.64米，厚0.17米。碑阳额饰双龙戏珠纹，中题"皇清处士魏公讳协朋字含信墓"，上款题"嘉庆二十年岁次己卯陆月三日吉旦"及立碑后裔署名。碑阴空白。近年重立。保存一般。

石桥村翟承烈暨配魏氏墓碑 【清】

位于龙池镇石桥村东150米公墓西侧。青石质，圆首。碑身高1.85米，宽0.73米，厚0.22米。碑阳额饰双龙戏珠纹，左右饰八仙人物纹，中题"皇清乡饮介宾承烈翟公元配魏孺人之墓"，上款题"光绪十四年三月谷旦"，下款题"男：元魁、忠、明、禄、利暨孙：乐颜、舜、尧、贤、圣、汤、公、闵、孟，曾孙：延年、龄"。碑阴空白。近年重立。保存较好。

柳疃镇

北阎车道村碑刻 【清】

位于柳疃镇北阎车道村西南50米路北。共有2幢，均为青石质。其一，阎毓瑛暨配胡氏墓碑，碑身已断为两截。碑阳残题"讳毓瑛字润堂阎公"下款题"男：修德、圣、年、贤，孙：勋……"。碑阴刻诰命2篇。其二，阎修口暨配姜氏墓碑，碑身断为多块。碑阳中题"皇清敕授儒林郎阎……暨配姜宜人之墓"，上款题"光绪三……弟修贤、德立石"，下题"艮山坤向"。保存较差。

东高家庄村高支本墓碑 【清】

位于柳疃镇东高家庄村西北公墓内。青石质，圆首，南向。碑身高1.38米，宽0.74米，厚0.23米。碑阳额及两边饰双龙戏珠纹，下边饰山海纹，有碑文，为高支本墓表，下款题"五世孙龙若、口若谨志，光绪十九年十一月谷旦"。碑阴空白。近年重立。保存较好。

东高家庄村高克仕墓碑 【清】

位于柳疃镇东高家庄村西南300米田野中。青石质，西向。分碑头、碑身、碑座3部分。碑头高1米，宽0.91米，厚0.35米；碑身高1.95米，宽0.81米，厚0.25米；碑座高1.5米，宽0.8米，厚0.4米。碑头深浮雕双龙戏珠，阳额中题"圣旨"2字。碑阳周饰双龙戏珠纹及山海纹，中题"皇清敕赠儒林郎、布政司理问高公之墓"，上款题"公讳克仕，字口清，原配魏安人，旌表节孝副室刘孺人"，下款题"道光二十二年十月谷旦"，右下角题"乙山"，左下角题"辛向"。碑阴周饰回纹，有立石男、孙、曾孙、元孙题名。保存完好。

后官庄村高秉礼暨配王氏墓碑 【清】

位于柳疃镇后官庄村西1千米农田水沟中。青石质。碑身露出部分长1米，宽0.68米，厚0.18米。碑阳向上，边饰回纹，中题"……清处士秉礼高公暨配旌表节孝王……"，右侧有碑文，尾署"庚寅岁进士傅云路拜撰"，下款题"阖学：路西铭……二十二年十一月谷旦"。碑阴向下，不详。保存一般。

后官庄村逄国卿暨配傅、韩、陈、孙氏墓碑 【清】

位于柳疃镇后官庄村西1千米农田水沟中。青石质，圆首。碑身长1.7米，宽0.69米。碑阳向上，额及两边饰双龙戏珠纹，下边饰海水纹。中题"皇清恩荣修职郎逄公暨元配傅、继配韩、继配陈、继配孙氏之墓"，上款题"道光十五年二月初一日谷旦"，下款为立石子孙题名。碑阴向下，不详。保存一般。

后官庄村孙魏氏节孝碑 【清】

位于柳疃镇后官庄村西1千米农田水沟中。青石质，圆首。碑身长1.62米，宽0.65米，断为两截。碑阳向上，额饰凤凰牡丹纹，周饰回纹。有碑文，尾署"太学生逄维烈顿首拜撰并书，阖学……仝顿首拜"。碑阴向下，不详。保存较差。

高隆盛村姜氏节孝碑 【清】

位于柳疃镇高隆盛村东侧。青石质。分碑头、碑身、碑座3部分。碑头长1.1米，宽1.03米，厚0.42米，深浮雕双龙戏珠，中题"纶音"。碑身长1.84米，宽0.76米，厚0.24米。碑阳向上，边饰双龙戏珠纹，中题"德协贞纯"4个大字，上款题"敕旌节孝□□□继室姜氏节孝碑"，下款题"光绪十三年十月立"。碑阴向下，不详。碑座长1.3米，宽0.76米，厚0.5米。保存完好。

高隆盛村高瑞卿墓道碑 【清】

位于柳疃镇高隆盛村西北侧。青石质。分碑头、碑身、碑座3部分。碑头长0.92米，宽0.91米，厚0.32米，深浮雕双龙戏珠，中题"圣旨"。碑身长2.01米，宽0.85米，厚0.32米。碑阳向上，两边饰八仙人物纹，下边饰海水纹，中题"皇清诰授中宪大夫醴泉高公墓道碑"，右侧"公姓高氏，讳瑞卿，字醴泉，锡爵公之子，士峨公、良玉公之弟也。附贡生、兵部车驾司主政、钦加员外郎衔、赏戴花翎"。下款题"光绪二十二年岁次丙申三月立石"。碑阴向下，不详。碑座长1.4米，宽0.86米，厚0.56米，饰海水纹。保存完好。

高隆盛村高锡爵墓道碑 【清】

位于柳疃镇高隆盛村西北20米。青石质。碑身长2.05米,宽0.86米,厚0.32米。碑阳向上,中题"皇清诰封奉直大夫、晋封朝议大夫锡爵高公墓道碑"。立于清光绪九年(1833)。碑阴向下,不详。保存完好。

西傅村傅清暨配李、赵氏墓碑 【民国】

位于柳疃镇西傅村灵堂大门西侧。青石质,方首,南向。碑身高1.63米,宽0.68米,厚0.16米。碑阳周饰回纹,中题"大明处士傅公讳清配李、赵氏之墓",上款题"民国三年十月谷旦",下款为立碑后裔题名。碑阴周饰回纹,有碑文,记载傅氏渊源及傅清后人迁居情况。近年重立。保存较好。

柳疃村韩天衢门生碑 【民国】

位于柳疃镇柳疃村西100米公墓内。青石质,方首,南向。碑身高1.56米,宽0.65米,厚0.11米。碑阳有碑文,首题"济阳县训导、丁酉科拔贡康侯韩君门生碑",尾署"优廪贡生、同学弟王希洛拜撰并书"。近年重立。保存较好。

韩天衢(1860~1930),字康侯,号柳潭,柳疃村人。光绪二十三年(1897)拔贡,任济阳教谕。曾主修光绪本《昌邑县续志》。

柳疃村韩天衢暨配闫氏墓碑　【民国】

位于柳疃镇柳疃村西100米公墓内。青石质，圆首，南向。碑身高1.7米，宽0.71米，厚0.12米。碑阳额及两边饰双龙戏珠纹，中题"清敕授修职郎、济阳县训导、丁酉科拔贡康侯韩公暨配阎孺人之墓"，上款题"民国二十年夏历三月吉日"，下款为立石子孙题名。近年重立。保存较好。

柳疃村韩寿昌暨配傅、徐、寇氏墓碑　【民国】

位于柳疃镇柳疃村西100米公墓内。青石质，圆首，南向。碑身高1.7米，宽0.72米，厚0.16米。碑阳额饰双龙戏珠纹，边饰回纹，中题"清貤封修职郎寿昌韩公暨配傅、徐、寇孺人之墓"，上款题"民国十四年夏历二月"，下款为立石子孙题名。近年重立。保存完好。

柳疃村韩维岳暨配孙氏墓碑 【清】

位于疃镇柳疃村西100米公墓内。青石质，圆首，南向。碑身高1.68米，宽0.67米，厚0.22米。碑阳额饰双龙戏珠纹，边饰回纹，中题"皇清敕封修职郎、太学生维岳韩公暨配孙孺人墓"，上款题"光绪三十一年十月谷旦"，下款为立石子孙题名。近年重立。保存较好。

柳疃村韩信堂暨配杨氏墓碑 【民国】

位于柳疃镇柳疃村西100米公墓内。青石质，方首。碑身长1.65米，宽0.65米，厚0.17米。碑阳向上，中题"清乡饮介宾韩公讳信堂字次忠暨配杨孺人之墓"，右侧有碑文，尾署"西席刘云翰拜撰，愚表侄黄仙洲敬书；男：邦基，孙：秋元、贞元立石"。下款题"民国十六年十一月谷旦"。碑阴向下，不详。保存一般。

柳疃村重修小龙河石桥捐款商号碑 【民国】

位于柳疃镇柳疃村纺织厂内。青石质，方首。碑身长1.88米，宽0.70米，厚0.17米。阴阳两面均刻有重修小龙河石桥捐款商号名称及捐款数目。保存一般。

柳疃村重修小龙河石桥碑 【清】

位于柳疃镇柳疃村敬老院内。青石质,方首。碑身长1.8米,宽0.73米,厚0.23米。碑阳向上,周饰回纹,有碑文,首题"石桥碑记",尾署"光绪十八年五月谷旦"。碑阴向下,不详。保存一般。

东陈村韩慕渠暨配刘氏墓碑 【清】

位于柳疃镇东陈村东南150米。青石质,圆首,西向。碑身高1.8米,宽0.71米,厚0.16米。碑阳边饰龙纹,中题"清邑增生慕渠韩公配刘氏墓",上款题"乾隆四十三年四月谷旦",下款为立石子孙题名。2002年重立,碑阴原有碑文,打磨后重新刻写。保存一般。

横地村重修小龙河桥碑1 【民国】

位于柳疃横地村西1千米。青石质,方首。碑身长1.66米,宽0.64米。碑阴向上,边饰回纹,碑额横题"万善同归";有碑文,内容为烟台各商号及个人题名及捐款数额,下款题"民国十年荷月"。碑阳向下,不详。保存一般。

横地村新修小龙河石桥碑2 【民国】

位于柳疃镇横地村小龙河桥东北侧。青石质，方首。碑身长1.57米，宽0.66米，厚0.15米，从下部断为两截。碑阳向上，边饰回纹，有碑文，首题"横地村新修石桥碑记"，尾署"师范修业生刘云翰拜撰，清童生□□□拜书，首事傅法棠……全立，民国十年六月谷旦"。碑阴向下，不详。保存较差。

姜家寨村姜化坤墓碑 【清】

位于柳疃镇姜家寨村东潍河堤下。青石质，方首。碑身长1.74米，宽0.7米。碑阳向上，中题"明处士讳化坤姜公之墓"，碑阴为姜氏世系图。保存一般。

姜家寨村碑刻 【清】

位于柳疃镇姜家寨村西出村路北。共有4幢，均为青石质。其一，姜升云暨配范氏墓碑，碑阳向上，额饰双龙戏珠纹，左右饰八仙人物纹，中题"皇清登仕佐郎姜公讳升云字步飞暨德配范孺人之墓"，上款题"光绪五年九月"。其二，姜百安暨配节孝胡氏墓碑，下部断损。其三，姜文教墓碑。其四，姜□岐墓碑，已断为两截。保存较差。

太平集村节孝刘氏墓碑　【清】

位于柳疃镇太平集村内。青石质，圆首，首已凿平。碑身长1.67米，宽0.76米。碑阴向上，边饰回纹。有碑文，首题"节孝刘氏墓表"，尾署"壬戌恩科举人愚表叔吴绰拜撰并书"。碑阳向下，不详。保存一般。

太平集村徐长增墓碑　【民国】

位于柳疃镇太平集村内。青石质，圆首，首已凿平。碑身长1.67米，宽0.75米。碑阴向上，有碑文，为徐长增墓表，尾署"光绪庚子、辛丑举人宋遽升拜撰，昌邑儒学生员杨高林熏沐敬书"。碑阳向下，不详。保存一般。

太平集村重修关帝、菩萨庙碑　【清】

位于柳疃镇太平集村内。青石质，圆首。碑身长1.67米，宽0.71米。碑阳向上，额饰双龙戏珠纹，边饰回纹。有碑文，尾署"领袖：徐介祺、泽深、龙祥、克宽、介祥、鹏云、徐长松、桂林、周池、志敬、兆瑞、李绍庆、孙同照、建业、徐介福、明道、万清、王九锡全立，大清光绪三十四年六月谷旦"。碑阴向下，不详。保存一般。

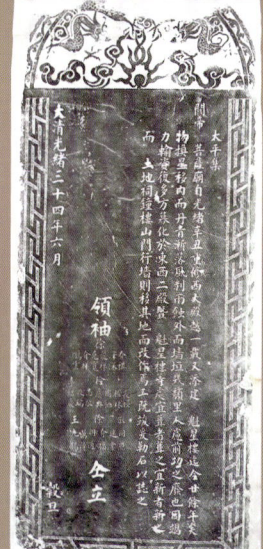

金家庄村碑刻 【清~民国】

位于柳疃镇金家庄村供电所院内。集中堆放，共有13幢，均为青石质。表层可见者3幢。其一，金坛中暨配节孝孙氏墓碑，方首。碑阳向上，边饰八仙人物纹，中题"皇清貤封朝议大夫金公讳坛中字杏山元配节孝孙恭人之墓"，上款题"光绪八年十一月谷旦，丁山癸向"，下款为立石子孙题名。碑阴向下，不详。其二，姜应科墓碑，圆首，断为两截。碑阳向上，额及边饰双龙寿字纹，中题"明故处士应科姜公之墓"，上款题"道光元年岁次辛巳四月谷旦"，下款为立石子孙题名。其三，姜氏祖茔碑，圆首，断为两截。碑阳向上，额饰牡丹纹，边饰变形花草纹，有碑文，记述姜氏八世祖迁居金家庄始末及墓地、分支情况。碑阴向下，不详。保存较好。

孙家河滩村碑刻 【清】

位于柳疃镇孙家河滩村西北400米公墓内。均为青石质。其一，孙氏六世祖孙辉前墓碑，圆首，碑身已断。碑阳题"六世祖讳辉前字绳武孙公之墓"，右侧有简短碑文，下款为立石子孙题名。其二，孙士玺墓碑，圆首，碑身已断。碑阳中题"皇清处士士珍孙公之墓"，右侧有碑文，尾署"癸卯科举人张芸台拜题"及立石子孙题名，下款题"道光二十八年岁次戊申二月谷旦"。其三，□□暨配彭氏墓碑，残损严重。有碑文，尾署"乡眷王受翕顿首拜书，阖学：王华鼎、王春朗、李殿得、张名岳仝拜"。保存较差。

孙家河滩村孙乐三暨配姜氏墓碑 【民国】

位于柳疃镇孙家河滩村西北400米公墓内。青石质，圆首，西北向。碑身高1.67米，宽0.65米，厚0.22米。碑阳额饰双龙戏珠纹，两边饰暗八仙纹，中题"清例授修职郎乐三孙公暨配姜孺人之墓"，上款题"民国八年二月谷旦"，下款为立石子孙题名。碑阴空白。近年重立。保存一般。

孙家河滩村孙启泰墓碑 【清】

位于柳疃镇孙家河滩村西北400米公墓内。青石质，圆首，西北向。碑身高1.83米，宽0.68米，厚0.19米。碑阳额及两边饰双龙戏珠纹，下边饰海水纹，中题"皇清乡饮介宾讳启泰字兆和孙公之墓"。右侧有碑文，尾署"光禄寺署正愚表侄阎修玉敬书"，下款题"男：麟法，孙：文治立石，光绪十年十月谷旦"。碑阴空白。近年重立。保存较好。

道岔村孙玉芳门生碑 【清】

位于柳疃镇道岔村村委院内。青石质，方首。碑身长1.92米，宽0.8米，厚0.2米。碑阳向上，有碑文，原题"皇清例授文林郎、拣选知县、孝廉孙兰卿先生行述碑"，尾署"赐进士出身、翰林院编修、现任广东省按察使司、伯都讷受业门生于荫霖撰，赐进士出身、翰林院编修、国史馆协□、□名御史、伯都讷□□□□□钟霖书，□绪十□年九月"。碑阴向下，为受业门生题名。保存一般。

西赵家庄村赵氏祖茔碑 【民国】

位于柳疃镇西赵家庄村西50米东西路北侧。青石质，圆首，南向。碑身高1.75米，宽0.67米，厚0.18米。碑阳额及两边饰双龙戏珠纹，中题"赵氏祖茔"4个大字，上款题"赵氏始祖自瓦城迁居于此"，下款题"民国七年清和月"。碑阴无字。保存较好。

前阎车道村阎敬宗暨配孙、孙、魏氏墓碑 【民国】

位于柳疃镇前阎车道村东300米公墓内。青石质，圆首，西北向。碑身高1.84米，宽0.72米，厚0.25米。碑阳额饰双龙戏珠纹，两边饰暗八仙纹，中题"处士阎公讳敬宗字致斋暨元配孙、继配孙、继配魏氏之墓"，上款题"民国二十五年三月谷旦"，下款为立石子孙题名。碑阴有碑文，首题"致斋阎公碑记"，尾署"邑庠生李作梅敬撰，昌邑庠生杨高林书"。近年重立。保存一般。

河崖村王希洛弟子碑 【民国】

位于柳疃镇河崖村西100米昌柳路东侧。青石质，方首，南向。碑身高1.2米，宽0.67米，厚0.2米。碑阳周饰回纹，有碑文，清庚子、辛丑并科举人宋邌升撰，记载王希洛生平事迹。碑阴为王希洛门生题名。立于民国二十三年（1934）十月。保存较好。

西玉皇庙村重修玉皇庙碑 【清】

位于柳疃镇西玉皇庙村村委东50米古井北侧。青石质，圆首。碑身长1.64米，宽0.66米，厚0.18米。碑阳向上，额及两边饰双龙戏珠纹，下边饰海水纹。碑文内容为重修玉皇庙相关事宜，末署"领袖：范洛、李东奎、□□□、齐以梅、孙启元、齐思俊、齐思让、姜是理、范丕基、姜志勤、刘志孔、谭荣、寇立贤、谭启云、王圣□，道光二十二年桐月吉日立，主持王来武"。碑阴向下，不详。保存较好。

西玉皇庙村重修玉皇庙大殿碑 【清】

位于柳疃镇西玉皇庙村村委东50米古井井台上。青石质，方首。碑身长1.7米，宽0.76米。碑阳向上，周饰回纹，碑首横题"大清"2字，有碑文，首题"重修大殿序"，尾署"乾隆十四年岁次……"。碑阴向下，不详。保存一般。

西玉皇庙村重修玉皇庙捐款题名碑 【清】

位于柳疃镇西玉皇庙村村委东50米古井井台上。青石质，方首。碑阴向上，碑身长1.6米，宽0.71米。有碑文，内容为重修玉皇庙捐款善人题名。碑阳向下，不详。保存一般。

老官庄村节孝寇氏墓碑 【民国】

位于柳疃镇老官庄村东150米农田中。青石质，圆首，东南向。碑身高1.78米、宽0.66米、厚0.19米。碑阳额及两边饰双龙戏珠纹，下边饰海水纹，中题"清旌表节孝玉堂徐公德配寇孺人之墓碑"，上款题"民国二年五月五日谷旦，乾山"，下款题"男：仙龄，孙：良明、良信、良清、良田、良君，曾孙：增宝、增益、增银、增金、增和、增泰立石，□向"。碑阴有碑文，尾署"阖学刘□德、□□□顿首拜"。保存较好。

渔尔堡村海神庙碑刻 【清】

　　位于柳疃镇渔尔堡村西海神庙内外。共有3幢，均为青石质。其一，重修海神庙碑，圆首。碑身残长1.4米，宽0.7米，厚0.19米。碑阳向上，额及两边饰双龙戏珠纹，有碑文，首题"海庙进香碑记"，尾署"五品顶戴侯□□，光绪二十三年岁次丁酉"及会首姓名。碑阴向下，不详。其二，恩波汪洋碑，圆首，东向。碑身高1.88米，宽0.71，厚0.18米。碑阳额饰双龙戏珠纹，两边饰八仙人物纹，下边饰海水纹，中题"恩波汪洋"4个大字，上款题"恭颂海神、龙王、肖圣神君德泽"，下款题"光绪二十三年十二月谷旦敬立"及进香领袖姓名。碑阴横题"同归于善"4个篆字。其三，革除恶习碑，方首，南向。碑身高1.75米，宽0.71米，厚0.19米。碑阳边饰回纹，碑首上方横题"革除恶习"4字，有碑文，尾署"光绪二十四年五月十八日蹇贴潮海社告示"。碑阴空白。保存较好。

新兴村碑刻 【清～民国】

位于柳疃镇新兴村西200米农用桥上。共有3幢，均为青石质。其一，明佩填墓碑；其二，节孝姜氏墓碑；其三，□氏节孝碑。保存较差。

郭家车道村郭甸臣暨配徐氏墓碑 【民国】

位于柳疃镇郭家车道村北100米路边。青石质，圆首。碑身长1.8米，宽0.68米，厚0.2米。碑阳额饰双龙戏珠纹，边饰回纹，中题"前清太学生、乡饮大宾甸臣郭公讳相禹暨元配徐、继配陈宜人之墓"，上款题"先祖考道光十四年十月十七日辰时生，民国三年阴历二月十九日寅时终；先祖妣道光十五年正月十五日未时生，光绪十年三月初五日卯时终；先继祖妣咸丰十一年十一月初八日□时生，民国廿九年阴历八月初四日未时终。孙百城谨识"。下款题"民国五年阴历四月谷旦"及立石后裔题名。碑阴向下，不详。保存较好。

潮海村孟子楷暨配孙氏诰命碑 【清】

位于柳疃镇潮海村东北。青石质，碑头已失。碑身长1.92米，宽0.73米，厚0.24米。碑阳向上，两边饰双龙戏珠纹，下边饰海水纹。有碑文，为捐职布政司理问加二级孟钦祖之父孟子楷暨母孙氏诰命，尾署"乾隆四十五年十二月十四日"。碑阴向下，不详。保存完好。

东申明亭村孙氏祖茔碑 【清】

位于柳疃镇东申明亭村东潍河大堤东侧。青石质，方首，南向。碑身高1.5米，宽0.65米，厚0.15米。碑阳边饰回纹，中题"孙氏祖茔"4个大字，上款题"大清道光八年二月二十一日谷旦"，下款为立石支系题名。保存一般。

辛安庄村王氏祖茔碑 【清】

位于柳疃镇辛安庄村北公墓。共有4幢，均为青石质。其一，王氏祖茔碑，圆首，西向。碑身高1.63米、宽0.62米、厚0.19米。碑阳边饰回纹，碑首横题"碑记"2字，中题"王氏祖茔"4个大字，下款题"大清道光二十八年岁次戊申端月谷旦立石"。碑阴空白。其二，王氏十甲祖茔碑，方首，西向。碑身高1.6米，宽0.65米，厚0.16米。碑阳周饰回纹，中题"王氏十甲祖茔"6个大字，上款题"大清同治八年四月谷旦"。碑阴空白。另2幢均为新立。保存较好。

郭家庄村碑刻 【清～民国】

位于柳疃镇郭家庄村西200米农用桥上。共有3幢，均为青石质。其一，孟安人节孝碑，有碑文，光绪十四年（1887）孟广名等立。其二，彤管生辉碑。其三，郭致堂墓碑。保存较差。

张家车道村张法彭暨配孙氏墓碑 【清】

位于柳疃镇张家车道村北公墓内。青石质，圆首，南向。碑身高1.57米，宽0.65米，厚0.17米。碑阳额及两边饰双龙戏珠纹，下边饰海水纹。中题"皇清例貤封修职郎、乡饮介宾寿臣张公暨配孙孺人墓"，右侧为张法彭小传，尾署"赐进士出身、刑部主政、庚辰科进士、世愚侄王熙鋆□□拜撰"及立石子孙题名。下款为"光绪十一年岁次乙酉十月初六日谷旦"。碑阴空白。近年重立。保存较好。

张家车道村张瀛海墓碑 【清】

位于柳疃镇张家车道村北公墓内。青石质，圆首，南向。碑身高1.62米，宽0.64米，厚0.19米。碑阳额及两边饰双龙戏珠纹，下边饰海水纹。中题"皇清例授修职郎、候选训导、岁进士鳌峰张公之墓"，右侧为张瀛海小传，尾署"赐进士出身、刑部主政、庚辰科进士、受业门生王熙鋆顿首拜□"及立石子孙题名。下款题"光绪十一年岁次乙酉十月初六日谷旦"。碑阴空白。近年重立。保存较好。

张家车道村张怀祖暨配安氏墓碑 【清】

位于柳疃镇张家车道村北公墓内。青石质，圆首，南向。碑身高1.76米，宽0.71米，厚0.22米。碑阳额及两边饰双龙戏珠纹，下边饰海水纹。中题"皇清张公暨配安氏合葬之墓"，上款题"公讳怀祖，字嗣徽，族弟怀涛填讳"，下款题"道光四年三月谷旦，男：锡奎、锡九，孙：坤元、贞元立石"。碑阴额饰双龙捧寿纹，周饰回纹，有碑文，尾署"族叔芸台酉山氏撰，族弟怀清镜海氏书丹，道光四年岁次甲申三月吉日"。近年重立。保存较好。

张家车道村张弼教墓碑 【清】

位于柳疃镇张家车道村北公墓内。青石质，圆首，南向。碑身高1.75米，宽0.68米，厚0.19米。碑阳额及两边饰双龙戏珠纹，下边饰海水纹。中题"皇清敕授征仕郎、詹事府主簿、附贡生弼教张公之墓"，上款题"同治三年岁次甲子四月谷旦"，下款题"男：峻辉、岚辉，孙：金相立石"。碑阴空白。近年重立。保存较好。

张家车道村张兰台墓碑 【清】

位于柳疃镇张家车道村北公墓内。青石质，圆首，南向。碑身高1.6米，宽0.67米，厚0.19米。碑阳额饰团寿纹，两边饰缠枝纹。有碑文，首题"皇清敕授修职郎、例授文林郎、寿张县教谕、截取知县、己亥科举人、郡廪生、乡谥文和先生张公墓表"，尾署"敕授修职郎、丁酉科举人、乙酉科拔贡、借补昌邑县训导、世愚弟石宜许顿首拜撰，赐进士出身、敕授文林郎、翰林院编修、国史馆协修、受业门生绍祺顿首拜书；咸丰十年岁次庚申十月谷旦，男：邑庠生镜宇、九品衔粤炎，孙：式曾立石"。碑阴空白。近年重立。保存较好。

张家车道村张迈众暨配孟氏墓碑 【清】

位于柳疃镇张家车道村西干渠西侧。青石质，圆首，南向。碑身长1.83米，宽0.71米，厚0.22米。碑阳向上，额及两边饰双龙戏珠纹，下边饰海水纹。中题"皇清敕赠文林郎、詹事府主簿、加一级、武庠生迈众张公暨德配孟孺人之墓"，右侧为张迈众小传，尾署"翰林院编修、世愚侄王之翰拜志并书"及立石子孙题名。下款题"同治三年岁次甲子四月谷旦"。碑阴向下，不详。保存一般。

张家车道村张壁墓碑 【清】

位于柳疃镇张家车道村北公墓内。青石质,方首,南向。碑身高1.75米,宽0.7米,厚0.19米。碑阳中题"皇清敕赠修职郎、寿张县学教谕、太学生张公之墓",右侧为张壁小传,尾署"赐进士出身、敕授文林郎、翰林院编修、世年愚侄王之翰顿首拜志,赐进士出身、朝议大夫、原任刑部郎中、特旨授陕西繁缺知府、门晚学生张兆栋顿首拜题"。下款为"咸丰九年岁次己未十月谷旦"及立石子孙题名。碑阴空白。近年重立。保存较好。

张家车道村张氏始祖墓碑 【清】

位于柳疃镇张家车道村北公墓内。青石质,方首,南向。碑身高1.66米,宽0.71米,厚0.18米。碑阳周饰回纹,中题"张氏祖墓"4个大字,上款题"大清光绪二十五年二月谷旦",下款题"阖族全立"。碑阴有碑文,首题"张氏始祖墓表",尾署"十七世孙庠生葆桂谨撰并书"。近年重立。保存较好。

张家车道村张太初墓碑 【清】

位于柳疃镇张家车道村公墓内。青石质,方首,南向。碑身高1.54米,宽0.69米,厚0.16米。碑阳周饰回纹,中题"皇清诰封奉直大夫、邑庠生太初张公之墓",下款题"乾隆四十八年七月谷旦"。碑阴空白。近年重立。保存较好。

张家车道村张芸台墓碑 【清】

位于柳疃镇张家车道村北公墓内。青石质，方首，南向。碑身高1.73米，宽0.74米，厚0.23米。碑阳中题"皇清敕授修职郎、癸卯科举人、寿张教谕、鱼台教谕、鉴塘张公之墓"，上款题"同治五年十月谷旦"，下款题"男：镜熙、启之立石"。碑阴有碑文，首题"皇清敕授修职郎、癸卯科举人、寿张教谕、乡谥文贞先生鉴塘张公墓表"，尾署"受业门生张兆栋顿首拜撰，受业门生孙凤翔顿首拜书"。近年重立。保存较好。

张家车道村张中由暨配孙氏墓碑 【清】

位于柳疃镇张家车道村北公墓内。青石质，方首，南向。碑身高1.3米，宽0.65米，厚0.14米。碑阳周饰缠枝纹，首题"碑记"2字，中题"皇清处士中由张公配孙氏之墓"，上款题"乾隆二十八年三月初一日谷旦"，下款为立石子孙题名。碑阴空白。近年重立。保存较好。

张家车道村重修普济庵碑 【清】

位于柳疃镇张家车道村北公墓内。青石质，圆首，南向。碑身高1.59米，宽0.64米，厚0.19米。碑阳额饰双蝠捧寿纹，周饰回纹。额下横刻"绍前垂后"4字，有碑文，尾署"光绪三十三年九月谷旦"。碑阴空白。近年重立。保存较好。

刘家车道村刘氏祖茔碑 【清】

位于柳疃镇刘家车道村东流青园内。青石质，圆首，西北向。碑身高1.76米，宽0.68米，厚0.19米；碑座长1.13米，宽0.62米，厚0.3米。碑阳额饰双龙戏珠纹，周饰回纹。中题"刘氏祖茔"4大字，"艮山坤向"4小字。右侧有碑文，介绍刘姓渊源，下款题"十九世孙邑庠生云烂谨识，大清宣统元年三月谷旦，阖族立石"。碑阴空白。近年重立，新修石雕碑亭。保存完好。

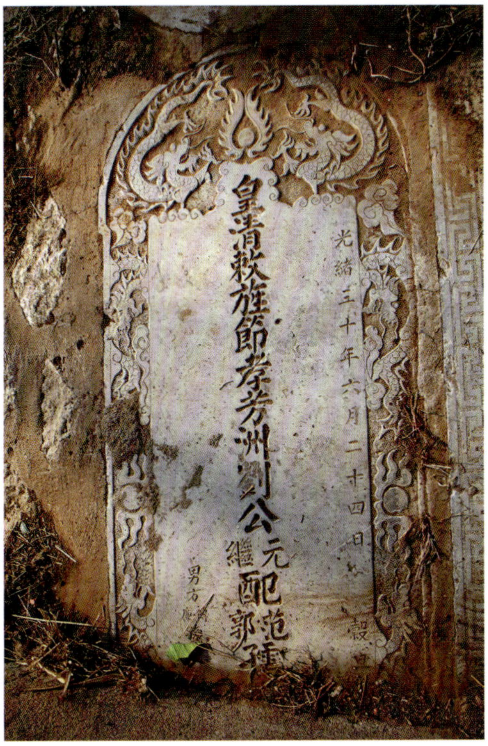

刘家车道村刘芳洲暨配范、郭氏墓碑 【清】

位于柳疃镇刘家车道村南50米。青石质，圆首。碑阳向上，额及两边饰双龙戏珠纹，中题"敕旌节孝芳洲刘公元配范、继配郭孺人之墓"，上款题"光绪三十年六月二十四日谷旦"，下款为立石子孙题名。碑阴向下，不详。保存较好。

刘家车道村王景福暨配孟氏墓碑 【清】

位于柳疃镇刘家车道村南50米。青石质，圆首。碑阳向上，额饰双龙戏珠纹，周饰回纹，中题"皇清乡饮介宾景福王公德配孟孺人之墓"，上款题"宣统元年二月谷旦"，下款为立石子孙题名。碑阴向下，不详。保存较好。

刘家车道村刘可禧墓碑 【清】

位于柳疃镇刘家车道村南50米。青石质，圆首。碑阳向上，额及两边饰双龙戏珠纹，中题"皇清乡饮耆宾刘公之墓"，上款题"公讳可禧字欣亭"，下款署"道光三年岁次癸未阳月谷旦"及立石子孙题名。碑阴向下，不详。保存较好。

刘家车道村刘晋升暨配孙、黄氏墓碑 【清】

位于柳疃镇刘家车道村南50米。青石质，圆首。碑阳向上，额饰双龙戏珠纹，边饰回纹，中题"清乡饮介宾晋升刘公暨元配孙、继配黄孺人之墓"，右侧为刘晋升小传，下款题"清邑庠生、鸿胪寺序班、愚表兄徐□堂顿首拜撰，族弟华龄顿首拜书；民国十二年十月谷旦，孙、昌贵立石"。碑阴向下，不详。保存较好。

刘家车道村刘士可暨配冯氏墓碑 【清】

位于柳疃镇刘家车道村南50米。青石质，方首。碑阳向上，周饰回纹，中题"清例授修职郎刘公讳士可字万选暨配冯孺人之墓"，右侧有碑文，记载刘士可茔地情况，下款署"民国十二年十月谷旦"及立石子孙题名。碑阴向下，不详。保存较好。

卜庄镇

义气村陈岳亭暨配朱氏墓碑 【民国】

位于卜庄镇义气村西北公墓内。青石质,圆首,西北向。碑身高1.72米,宽0.69米,厚0.21米。碑阳额及两边饰双龙戏珠纹,中题"清乡饮介宾岳亭陈公暨配朱孺人之墓",下款题"民国二十三年三月"。近年重立。保存一般。

义气村马启机暨配丁氏墓碑 【民国】

位于卜庄镇义气村西北公墓内。青石质,圆首,西北向。碑身高1.68米,宽0.67米,厚0.19米。碑阳额及两边饰双龙戏珠纹,中题"清故处士运政马君暨配丁孺人之墓",下款署"民国十七年闰二月吉日"及立石子孙题名。碑阴周饰回纹,有碑文。近年重立。保存较好。

马疃村赵福堂妻节孝李氏墓碑 【民国】

位于卜庄镇马疃村东南300米下小路西侧。青石质,方首。碑身长1.62米,宽0.64米,厚0.18米。碑阳向上,中题"清旌节孝福堂赵公元配李孺人之墓",右侧为赵氏小传,左侧署"阖学:王公符、穆唯堂、胡芳田、赵礼堂同拜。嗣男立石。"尾题"中华民国十七年二月吉日"。碑阴向下,不详。保存较好。

马疃村王执铎暨配朱、邢、李氏墓碑 【清】

位于卜庄镇马疃村东南300米下小路西侧。青石质，圆首。碑身长1.88米，宽0.68米，厚0.23米。碑阳向上，额及两边饰双龙戏珠纹，中题"皇清邑庠生王公讳执铎暨配朱、邢、李孺人之墓"，上款题"公学名麟书，字瑞甫，行三。邑庠生胡桂芬填讳"。下款题"光绪五年岁次己卯三月谷旦，男：监生缵廷，孙：兴虞、兴唐、兴岐立石"。碑阴向下，不详。保存一般。

马疃村张子岫墓碑 【民国】

位于卜庄镇马疃村东南300米下小路西侧。青石质，圆首。碑身长1.75米，宽0.63米，厚0.17米。碑阳向上，额及两边饰双龙戏珠纹，中题"前清乡饮介宾子岫张公之墓"，上款题"公讳云五，行四，配孙孺人，子一，女一"，下款题"中华民国十年十月谷旦，男：重法立石"。碑阴向下，不详。保存较好。

马疃村众善题名碑 【不详】

位于卜庄镇马疃村东南300米下小路西侧。青石质。碑身长约1.7米，宽0.67米，厚0.21米。碑阴向上，刻捐资善人题名。保存一般。

马疃村姜震泽暨配徐氏墓碑 【清】

位于卜庄镇马疃村东南300米下小路西侧。青石质,圆首。碑身长1.7米,宽0.65米,厚0.2米。碑阳向上,额及两边饰双龙戏珠纹,中题"皇清太学生雨辰姜公讳震泽暨配徐氏之墓",上款题"宣统三年三月谷旦",下款为立石子孙题名。碑阴向下,不详。保存一般。

马疃村耿顺思墓碑 【清】

位于卜庄镇马疃村东南300米下小路西侧。青石质,圆首。碑身长1.83米,宽0.68米,厚0.21米。碑阳向上,额及两边饰双龙戏珠纹,中题"皇清太学生履信耿公暨元、继配□□孺人墓",右侧为耿履信小传,尾署"邑庠生柳乔迁填讳"。下款署"光绪三十三年十月谷旦"及立石子孙题名。碑阴向下,不详。保存一般。

马疃村朱鸣皋暨配王氏墓碑 【不详】

位于卜庄镇马疃村东南300米下小路西侧。青石质,圆首。碑身断为两段,总长1.7米,宽0.62米,厚0.16米。碑阳向上,额及两边饰双龙戏珠纹。中题"……鸣皋朱公暨元配王孺人墓",上款题"……谷旦"。下款为立石子孙题名。碑阴向下,不详。保存较差。

毛家寨村郑氏节孝碑 【清】

位于卜庄镇毛家寨村南。青石质,圆首。碑身长1.75米,宽0.72米。碑阴向上,额饰祥云团寿纹,边饰菊花缠枝纹。有碑文,尾署"□□生卢景亭拜撰并书"。碑阳向下,不详。保存一般。

毛家寨村翟海峰暨配孙氏墓碑 【民国】

位于卜庄镇毛家寨村南。青石质,圆首。碑身长1.8米,宽0.7米。碑阳向上,额饰云纹,边饰花草缠枝纹,中题"前清乡饮介宾海峰翟公讳振寰暨配孙孺人墓碑",上款题"阖学刘□之等全拜",下款题"中华民国三年二月谷旦"。碑阴向下,不详。保存一般。

前张戈庄村李氏祖茔碑 【清】

位于卜庄镇前张戈庄村村东。青石质,圆首,南向。碑身高1.45米,宽0.70米,厚0.20米。碑阳中题"李氏祖茔"4个大字,右侧有碑文,下款题"大清嘉庆七年岁次壬戌三月吉旦"。碑阴空白。近年新址重立。保存较好。

大阎家村任世麟墓碑 【民国】

位于卜庄镇大阎家村北原大队屋东山墙基土。青石质、碑首已凿平。碑身残长1.5米,宽0.7米。碑阴向外,有碑文,尾署"前清法官、民国知事、族弟景亭拜撰并书"。碑阳向内,不详。保存较差。

小阎家村碑刻 【清】

位于卜庄镇小阎家村东北300米农用桥侧。共有4幢，均为青石质。其一，王成鳌暨配宿氏墓碑，圆首。碑身残长1.4米，宽0.64米，厚0.2米。碑阳向上，额及周饰龙纹，中题"清处士讳成鳌王公元配宿氏孺……"，上款题"……十四年十月"，下款题"阖学：韩升中、任□厕、姜言名、□□元、任元昌、张□海仝拜；奉祀男：□仁，孙：中海"。碑阴向下，不详。其二，卢登三妻节孝碑残件。其三，王镜鳌妻节孝碑残件。其四，朱氏节孝碑，圆首。碑身残长1.55米，宽0.7米，厚0.2米。碑阳向上，周饰回纹，有碑文，尾署"阖学：徐立谦、任仲、王中节、徐敬亭、纪□升、卢振德、徐立德、母族：……"。碑阳向下，不详。保存较差。

肖家营村耿万载暨配赵氏墓碑 【不详】

位于卜庄镇肖家营村东北100米农用桥上。青石质，圆首。残长1.22米，宽0.68米，厚0.18米。碑阳向上，中残题阳文"□清待赠君字万载元配赵"。碑阴向下，有碑文。保存较差。

肖家营村节孝孙氏墓碑 【清】▲

位于卜庄镇肖家营村东北100米农用桥上。青石质，圆首。碑身断为两截，总长1.7米，宽0.68米，厚0.19米。碑阴向上，额饰五蝠捧寿纹，周饰回纹，有碑文，尾署"丙午科岁进士王廷价拜撰，族孙郡增生恕思敬书"。碑阳向下，不详。保存一般。

肖家营村张氏节孝碑 【清】

位于卜庄镇肖家营村东北100米农用桥上。青石质，圆首。碑身断为两截，总长1.7米，宽0.67米，厚0.21米。碑阴向上，周饰回纹，额横题"流芳"2大字，有碑文，尾署"邑增生徐凤文撰文，邑庠生张汝宗书丹"。碑阳向下，不详。保存较差。

北王村王心斋继配节孝高氏墓碑 【清】

位于卜庄镇北王村东100米公墓内。青石质，圆首。碑身高1.7米，宽0.65米，厚0.17米。碑阳额及两边饰双龙戏珠纹，中题"皇清敕旌节孝心斋王公继配高孺人墓"，上款题"宣统元年十月谷旦"，下款为立石子孙题名。碑阴周饰回纹，有碑文，尾署"邑庠生董丕德拜撰并书"，后为阖学题名。保存较好。

新胜村贾莲芳暨配任氏墓碑 【民国】

位于卜庄镇新胜南150米湾塘中。青石质，圆首。碑身长1.74米，宽0.65米，厚0.2米。碑阳向上，额及两边饰双龙戏珠纹，中题"民国处士贾公讳莲芳字爱周暨配任氏之墓"，上款题"民国二十一年夏历二月谷旦，奉祀男：之崧敬立"。下款题"阖学：□□□、卢占崧、刘延祥、卢克学、高乐文全拜"。碑阴向下，有碑文。保存较好。

新胜村碑刻 【不详】

位于卜庄镇新胜村南150米湾塘中。青石质。宽0.65米，上部埋于土中。碑阴向上，有碑文。保存一般。

于家抚宁村碑刻 【清~民国】

位于卜庄镇于家抚宁村东老粉坊墙基。共有碑刻10幢,均为青石质。分别为:□来临母□氏节孝碑、王德奎夫妇合撰墓表、王氏节孝碑、于氏祖茔碑、于氏祖茔碑1、于氏祖茔碑2、宫氏节孝碑、张□氏节孝碑、于唯堂暨配朱王氏墓碑、张炳尹撰碑。完残不一。保存较差。

营子村赵氏节孝碑 【清】

位于卜庄镇营子村东南50米农用桥上。原有碑刻多块，近年塌损，仅此外露。青石质，圆首。断为两截，总长1.75米，宽0.69米，厚0.21米。碑阴向上，有碑文，尾署"廪膳生任景亭拜撰，同学傅耿章、傅在庭……"。碑阳向下，不详。保存较差。

庄珂村碑刻 【清～民国】

位于卜庄镇庄珂村南农用桥上。共有5幢，均为青石质。其一，张云曾暨配董胡氏墓碑。碑身长1.8米，宽0.67米。碑阳向上，边饰回纹，中题"清例贡生□卿张公讳云增暨配董胡孺人墓"，上款题"民国十四年夏历十二月谷旦"，下款为立石子孙题名。碑阴向下，不详。其二，张骏德暨配李氏墓碑，圆首。碑身长1.8米，宽0.67米。碑阳向上，额及两边饰双龙戏珠纹，中题"清处士骏德张公暨元配李、继配王孺人墓"，上款题"民国二十年十月谷旦"，下款为立石子孙题名。碑阴向下，不详。其三，张运昌墓碑，圆首。碑身长1.75米，宽0.71米。碑阳向上，额饰双龙戏珠纹，两边饰云纹，中题"皇清诰授武德骑尉、晋封朝议大夫、武庠生运昌张公之墓"，上款题"光绪十七年二月谷旦"，下款为立石子孙题名。碑阴向下，不详。其四，朱鸿升暨配孙氏志碑。碑身长1.76米，宽0.68米。碑阳向上，周饰回纹，中题"荣旌节孝允卿朱公讳鸿升德配孙孺人志碑"，上款题"民国十九年旧历小阳月谷旦"，下款为立石子孙题名。碑阴向下，不详。其五，朱忠升暨配董氏墓碑，圆首。碑身长1.75米，宽0.7米。碑阳向上，额及两边饰双龙戏珠纹，下边饰海水纹，中题"清旌节孝仲侨朱公讳忠升元配董孺人墓"，左右两侧为阖学谢敬之等及立石子孙题名，下款题"民国十六年十月谷旦"。碑阴向下，不详。保存一般。

北张家庄村张炳寅门生碑 【清】

位于卜庄镇北张家庄村西50米潍河大堤东侧。青石质，圆首，西向。碑身高1.66米，宽0.64米，厚0.18米。碑阳额饰双龙戏珠纹，两边饰宝瓶插花纹，下边饰海水纹，碑文首题"张老夫子门生碑记"，尾署"廪生郝凤藻顿首拜撰并书，宣统元年九月谷旦"。碑阴额饰双凤朝阳纹，两边饰回纹，下边饰海水纹，碑阴有"都寓同门"14人，"邻邑同门"14人，"本县现存同门"56人，"已故同门"28人，共计112人题名。近年修复重立。保存较好。

后王家楼村碑刻 【清～民国】

位于卜庄镇后王家楼村南农用桥上。共有5幢，均为青石质。其一，张永福暨配张氏墓碑，圆首。碑身长1.8米，宽0.66米。碑阳向上，额及两边饰双龙戏珠纹，中题"处士长卿刘公讳永福暨德配张孺人之墓"，上款题"中华民国十四年三月二十日谷旦，阖学徐仁昌等仝拜"，下款为立石子孙题名。碑阴向下，不详。其二，于氏节孝碑。碑身长1.5米，宽0.61米。碑阴向上，额饰五蝠捧寿纹，两边饰回纹，碑文首题"节孝于孺人墓表"，尾署"丙子岁贡生余□书顿首拜撰，愚表孙卞文涛顿首□□，阖学郑自谦等仝立"。碑阳向下，不详。其三，孙氏节孝碑。碑身长1.4米，宽0.66米。碑阴向上，有碑文，尾署"国会议员沐尘于恩波撰，小学校校长卞文涛书，阖学于恩涛等仝立"。碑阳向下，不详。其四，刘法尧暨配王氏墓碑，圆首。碑身长1.8米，宽0.7米。碑阳向上，额及两边饰双龙戏珠纹，下边饰海水纹，中题"皇清敕授修职郎绍唐刘公讳法尧暨元配王孺人之墓"，上款题"宣统元年闰二月谷旦，阖学朱平□等仝拜"，下款为立石子孙题名。碑阴向下，不详。其五，刘家福暨配马氏墓碑，圆首。碑身长1.78米，宽0.68米。碑阳向上，额及两边饰双龙戏珠纹，下边饰海水纹，中题"清故六品功牌乐卿刘公讳家福暨配马安人墓"，上款题"中华民国十四年二月日谷旦"，下款为立石子孙题名。碑阴向下，不详。保存一般。

白衣庙村二斗桥碑刻 【清】

位于卜庄镇白衣庙村南二斗桥上。共有4幢，均为青石质。其一，圆首，碑阴向上，有碑文，下款题"同邑戊子岁贡韩俊卿拜撰，潍阳丙戌岁贡高树棠拜书"。碑阳向下，不详。其二，张福五暨配傅氏墓碑，圆首。碑身长1.72米，宽0.67米。碑阳向上，中题"皇清例赠孺人福五张公元配傅氏墓"。碑阴向下，不详。其三，张若孔暨配王氏墓碑，圆首。碑身长1.72米，宽0.68米。碑阳向上，额及边饰双龙戏珠纹，中题"皇清处士若孔张公暨王孺人墓"。碑阴向下，不详。其四，张元敬暨配郑氏墓碑，圆首。碑身长1.68米，宽0.67米。碑阳向上，额及两边饰双龙戏珠纹，中题"皇清处士熙臣张公讳元敬暨元配郑氏之墓"。碑阴向下，不详。保存较差。

白衣庙村三斗桥碑刻 【清～民国】

位于卜庄镇白衣庙村南三斗桥上。共有2幢，均为青石质。其一，张公德暨配节孝郭氏墓碑，圆首。碑阳向上，额及两边饰双龙戏珠纹，下边饰海水纹，中题"皇清敕旌节孝温其张公德配郭安人之碑"，上款题"光绪元年岁次己□二月谷旦"，下款为立石子孙题名。碑阴向下，不详。其二，碑阴向上，边饰回纹，有碑文。碑阳向下，不详。保存较差。

王家庄村张西平父母诰命碑 【清】

位于卜庄镇王家庄村东南侧。青石质。碑头、碑座丢失。碑身长1.93米，宽0.72米，厚0.24米。碑阴向上，周饰回纹，有碑文，内容为湖北武昌卫掌印守备张西平父母诰命。尾署"道光十五年三月吉日"。村人告知，碑阳刻"心同白日"4个大字。保存较好。

东峰台村张氏支茔碑 【清】

位于卜庄镇东峰台村东北150米公墓南侧。青石质，方首，南向。碑身高1.47米，宽0.6米，厚0.15米。碑阳周饰回纹，中题"张氏支茔"4个大字，上款题"道光十九年三月谷旦"，下款题"阖族仝立"。碑阴周饰回纹，有碑文，尾署"仍孙：兰庆讲译"。近年重立。保存较好。

东峰台村节孝许氏墓志 【清】

位于卜庄镇东峰台村东100米田野中。青石质，圆首。碑身长1.7米，宽0.68米，厚0.2米。碑阴向上，额饰五蝠捧寿纹，周饰回纹。有碑文，首题"敕旌节孝张母许孺人志"，撰书人磨损。碑阳向下，不详。保存较差。

峰台村碑刻 【清~民国】

位于卜庄镇峰台村北800米农用桥上。共有5幢，均为青石质。其一，陆法文妻节孝碑，圆首。碑身长1.7米，宽0.64米。碑阳向上，周饰回纹，中题"旌表节孝法文陆公元配……"，上款题"民国六年九月廿五日谷旦"，下款磨损。碑阴向下，不详。其二，梁德溥暨配任氏墓碑，圆首。碑身长1.75米，宽0.64米。碑阳向上，额及两边饰双龙戏珠纹，中题"皇清处士德溥梁公暨配……"，上款题"光绪二十八年十月"。碑阴向下，不详。其三，刘宏文暨配节孝李氏墓碑。碑身残长1.3米，宽0.64米。碑阳向上，两边饰双龙戏珠纹，中题"敕旌宏文刘公元配节孝李孺人墓"，上款题"□□三十三年十一月"，下款磨损。碑阴向下，不详。其四，陆会祥暨配朱氏墓碑。碑身长1.6米，宽0.67米。碑阳向上，额及两边饰双龙戏珠纹，中题"处士陆公讳会祥暨配朱氏之墓"，上款题"民国十七年闰二月，阖学杨高林等仝拜"，下款为立石子孙题名。碑阴向下，不详。其五，张燮廷暨配王氏墓碑，圆首。碑身长1.76米，宽0.63米。碑阳向上，额及两边饰双龙戏珠纹，中题"例授登仕郎燮廷张公暨配王孺人墓"，上款题"阖学崔宜芝等仝拜，龙江省义学教习、例贡生族侄官俊谨填讳"，下款题"大清宣统元年二月吉日"。碑阴向下，不详。保存一般。

大河北村孙氏祖墓碑　【清】

位于卜庄镇大河北村东。青石质，圆首。碑身长1.81米，宽0.68米。碑阳向上，额饰团寿纹，边饰回纹，中题"孙氏祖墓"4个大字，上款题"咸丰元年七月吉旦"，下款题"清泉书"。碑阴向下，不详。保存较好。

大河北村孙云澜墓碑　【清】

位于卜庄镇大河北村中。青石质，圆首。碑身长1.66米，宽0.63米。碑阳向上，额及两边饰双龙戏珠纹，下边饰海水纹，中题"皇清处士□公讳……氏墓"，上款题"宣统元年三月廿九日谷旦"，下款题孙云澜暨配生卒年月。碑阴向下，不详。保存一般。

大河南村碑刻　【清～民国】

位于卜庄镇大河南村中南北主路上。共有4幢，均为青石质。其一，董氏节孝碑，圆首。碑身长1.79米，宽0.64米。碑阳向上，两边饰双龙戏珠纹，中题"旌表节孝董孺人墓"，上款题"道光三年二月愚弟朱鹏瑞敬书"，下款题"孺人凌云孙公元配"。碑阴向下，不详。其二，□公暨配姚、马氏墓碑。碑身长1.66米，宽0.66米。碑阴向上，周饰回纹，有碑文，尾署"清廪膳生郝凤藻拜撰，师范毕业孙垲俊敬书"。碑阳向下，不详。其三，刘铭新暨配孙氏墓碑，圆首。碑身长1.65米，宽0.61米。碑阳向上，额饰双龙戏珠纹，边饰回纹，中题"大清处士铭新刘公暨配孙氏之墓"，右侧有刘铭新小传，尾署"清邑增生尹化邦拜撰并书"，下款题"民国十七年后二月谷旦"。碑阴向下，不详。其四，刘乾符暨配张氏墓碑，圆首。碑身长1.72米，宽0.61米。碑阴向上，有碑文。碑阳向下，不详。保存较差。

大河南村孙安邦暨配邢、于氏墓碑 【清】

位于卜庄镇大河南村中。青石质,圆首。碑身长1.74米,宽0.67米。碑阳向上,额及两边饰双龙戏珠纹,中题"皇清处士安邦孙公暨元、继配邢、于孺人之墓",右侧为孙安邦小传,署"邑庠生刘书阁拜填讳",左侧为立石孙曾题名。下款题"光绪三十四三月谷旦"。碑阴向下,不详。保存较差。

大河南村孙卿云暨配耿氏墓碑 【清】

位于卜庄镇大河南村中。青石质,圆首。碑身长1.78米,宽0.73米。碑阳向上,额饰双龙戏珠纹,边饰回纹,中题"皇清乡饮宾孙公讳乡云字纪瑞暨配耿孺人墓",上款题"咸丰六年岁次丙辰二月谷旦",下款题"曾孙:□吉立石"。碑阴向下,不详。保存较差。

东河沟村石刻 【清】

位于卜庄镇东河沟村村委院内。石翁仲3件,均为白石质。其一,残高0.97米,宽0.6米。其二,残高1.1米,宽0.55米。其三,残高0.73米,宽0.6米。张氏祖茔碑1幢,青石质,圆首。碑身长1.91米,宽0.73米,厚0.18米。碑阴向上,额饰寿字纹。有碑文,尾署"五世孙二典全族人立"。碑阳向下,不详。保存较好。

东河沟村张公暨配鲁氏墓碑 【清】

位于卜庄镇东河沟村村委东侧原大队部房基上。青石质，圆首。碑身长1.85米，宽0.67米。碑阳向外，额及两边饰双龙戏珠纹，中题"皇清奋武郎张公暨配鲁孺人墓"，上款埋土中，下款题"男：廷锡立石"。碑阴向内，不详。保存较好。

东河沟村节孝于氏墓碑 【清】

位于卜庄镇东河沟村村委东侧原大队部房基上。青石质，圆首。碑身长1.75米，宽0.65米。碑阳向外，额及两边饰双龙戏珠纹，中题"皇清敕旌节孝于孺人墓"，上款题"同治三年岁次甲子复月谷旦"，下款埋土中，不详。碑阴向内，不详。保存较好。

东河沟村节孝朱氏墓碑 【清】

位于卜庄镇东河沟村村委东侧原大队部房基上。青石质，圆首。碑身长1.82米，宽0.65米。碑阳向外，额及两边饰双龙戏珠纹，中题"皇清节孝朱氏之墓"。无上款，下款埋土中，不详。碑阴向内，不详。保存较好。

东河沟村张君赐及其兄弟墓碑 【清】

位于卜庄镇东河沟村村委东侧原大队部房基上。共3幢，均为青石质，圆首。其一，张君赐墓碑。碑身长1.69米，宽0.6米。碑阴向外，额饰草龙捧寿纹。中题"公……字君赐……"，下为子孙谱系。碑阳向内，不详。其他2幢位于张君赐墓碑东侧，碑阴向外，无文字，无法定名，经问询为张君赐弟兄墓碑。东第1幢高1.62米，宽0.6米；第2幢高1.52米，宽0.6米。保存较好。

东河沟村张廷简墓碑 【清】

位于卜庄镇东河沟村村委东侧原大队部房基上。青石质，圆首。碑身长1.84米，宽0.65米。碑阴向外，额饰五蝠捧寿纹。中题"公讳廷简，字帝心，行一"，下为子孙谱系。碑阳向内，不详。保存较好。

东河沟村张廷举墓碑 【清】

位于卜庄镇东河沟村村委东侧原大队部房基上。青石质，圆首。碑身长1.86米，宽0.67米。碑阴向外，额饰草龙捧寿纹。中题"公讳廷举，字殿扬，行三"，下为子孙谱系。碑阳向内，不详。保存较好。

刘庄村重修鼋泉爷庙碑 【清】

位于卜庄镇刘庄村中。青石质，碑头缺损。碑身残长1.15米，宽0.62米。碑阳向上，边饰双龙戏珠纹，中有碑文及善人题名。下款题"同治十二年六月"。碑阴向下，不详。保存较差。

西河沟村张介臣暨配室、马氏墓碑 【民国】

位于卜庄镇西河沟村东北50米。青石质，圆首。碑身长1.72米，宽0.68米，厚0.19米，碑体重圮为两片。碑阳向上，额及两边饰双龙戏珠纹，中题"前清处士介臣张公元、继配室、马氏之墓"；上款题"君讳□□，字□□，行一"；下款为立石子孙题名，均凿去；尾署"中华民国三年三月初十日谷旦"。碑阴向下，不详。保存较差。

西河沟村张氏节孝碑 【清】

位于卜庄镇西河沟村东北50米。青石质，圆首。碑身长1.75米，宽0.65米，厚0.18米。碑阴向上，周饰回纹，横题"流芳"2字，有碑文，尾署"邑廪生李含芳拜撰，邑庠生族侄怀珍敬书；阖学：孙仰□、刘名□；姜华东、孙玉照全拜"。碑阳向下，不详。保存一般。

西河沟村节孝胡氏墓碑 【民国】

位于卜庄镇西河沟村东北50米。青石质，圆首。碑身长1.62米，宽0.65米，厚0.19米，断为两截。碑阴向上，额饰双龙戏珠纹，周饰回纹。有碑文，尾署"师范毕业王培基谨撰，世愚晚傅修德敬书"。碑阳向下，不详。保存较差。

大李家庄村石像生 【清】

位于卜庄镇大李家庄村北路边。白石质。残高0.6米，长0.95米。保存较差。

东辛庄村石牌坊构件 【清】

位于卜庄镇东辛村南东西路侧。青石质，共3块，分布在东西长20米，南北宽3米的范围内。其一，长1.68米，宽0.51米。其二，长1.6米，中宽0.73米。其三，长1.72米，宽0.43米。保存较差。

胡家道口村胡氏祖茔碑 【清】

位于卜庄镇胡家道口村南潍河大堤东侧。青石质，圆首，南向。碑身高1.75米，宽0.66米，厚0.2米；碑座高1.16米，宽0.4米，厚0.3米。碑阳额及两边饰双龙戏珠纹，下边饰海水纹，中题"胡氏祖茔"4个大字，下款题"宣统元年三月初三日阖族立石"。碑阴有碑文，记载胡氏支派及分迁情况。近年重立。保存较好。

胡家道口村胡更臣、朝臣墓碑 【民国】

位于卜庄镇胡家道口村北。南向，青石质，圆首。碑身高1.67米，宽0.63米，厚0.14米。碑阳额饰双龙戏珠纹饰，周饰回纹，中题"清故处士世祖讳更臣、讳朝臣胡氏之墓"，上款题"中华民国十年复月谷旦"，下款题"仍孙：顺祥、廷祯；云孙：文华等仝立石"。碑阴有碑文。近年原址重立。保存较好。

郝家庄村碑刻 【清～民国】

位于卜庄镇郝家庄村南一处废弃房基上。共有12幢，均为青石质，可命名者2幢。其一，郝连三暨配马、夏氏墓碑，圆首。碑阳向外，额及两边饰双龙戏珠纹，下边饰海水纹，中题"皇清太学生连三郝公暨配马、夏孺人墓"，下款题"公男：兴邦、经邦、成邦立石，宣统元年十月谷旦"。其二，郝姜氏节孝碑，圆首。碑阴向外，额饰蝙蝠团寿纹，边饰回纹，有碑文。保存较好。

李家泊子村碑刻1 【清～民国】

位于卜庄镇李家泊子村东北100米下小路西侧。共3幢，均为青石质。其一，□启善暨配曹氏墓碑，圆首。碑身长1.65米，宽0.59米，厚0.16米，断为两截。其二，冯朱氏节孝碑，圆首。碑身残长1.09米，宽0.7米，厚0.19米。其三，碑身长1.72米，宽0.69米，厚0.2米。碑阴向上，无字。保存较差。

李家泊子村碑刻2 【清～民国】

位于卜庄镇李家泊子村西北100米农用桥上。共5幢，均为青石质。分别为：皇清邑庠生员化鲲李君配节孝冯孺人墓碣文、尹星五暨配李氏节孝碑、尹鉴三配王氏节孝碑、李无疆暨配张谢氏墓碑、王德友暨配节孝李氏墓碑。另有石碑残段3块散落桥东侧。保存较差。

李家抚宁村李希钦暨配张氏墓碑 【民国】

位于卜庄镇李家抚宁村东潍河大堤西公墓内。青石质，方首。碑身高1.62米，宽0.68米，厚0.18米。碑阳周饰回纹，中题"处士李公讳希钦字子敬暨配张氏之墓"，右侧为李希钦小传，尾署"阖学仝拜"及立碑男、孙、曾孙题名，下款题"民国十三年九月十二吉日"。碑阴空白。该碑早年断为两截，近年新址修复重立。保存一般。

李家抚宁村李升云善行碑 【民国】

位于卜庄镇李家抚宁村西50米潍河大堤东侧。青石质，方首。早年凿为3段，总长1.8米，宽0.74米，厚1.22米。碑阳向上，横题"元龙高义"4字，下有碑文。碑阴为捐款商号、个人题名。李沈书，立于民国十八年（1929）。保存较差。

李家抚安村李兴斋暨配朱、马氏墓碑 【民国】

位于卜庄镇李家抚安村西。青石质，圆首，东向。碑身高1.8米，宽0.68米，厚0.2米。碑阳额及两边饰双龙戏珠纹，中题"诰赠奉政大夫兴斋李公暨元配朱、继配马宜人墓"，上款题"阖学王培基等仝拜"，下款题"民国十五年二月谷旦"。碑阴边饰缠枝纹，有碑文。近年原址重立并建碑楼。保存较好。

围子街道

永兴庄村马辉著暨配宫氏墓碑 【清】

位于围子街道永兴庄村公墓北首。青石质，方首，北向。碑身高1.42米，宽0.68米，厚0.18米。碑阳中题"皇清处士马公讳辉著字显名暨元配宫氏之墓"，上款题"乾隆五十二年正月二十五日"，下款为立石子孙题名。碑阴首题"碑志"，有碑文，记载马氏先祖世系及搬迁祖茔原因，尾署"邑里业儒刘蓝玉书丹"。近年新址重立。保存较好。

永兴庄村马均泰暨配孙、宋氏墓碑 【民国】

位于围子街道永兴庄村公墓北首。青石质，圆首，北向。碑身高1.64米，宽0.68米，厚0.22米。碑阳额及两边饰双龙戏珠纹，下边饰海水纹，中题"清太学生笙堂马公暨元配孙、继配宋孺人墓"，上款题"民国十四年二月谷旦"，下款为立石子孙署名。碑阴额饰凤鸟祥云纹，边饰回纹，有碑文，尾署"清邑庠生曲效严顿首拜撰，族叔尉桓沐手书丹"。近年新址重立。保存较好。

永兴庄村马诚墓碑 【清】

位于围子街道永兴庄村公墓北首。青石质，圆首，北向。碑身高1.65米，宽0.7米，厚0.22米。碑阳额饰双龙戏珠纹，横题"皇清"2字，中题"恩授修职郎马公讳诚之墓"，上款题"嘉庆二十三年岁次戊寅十月吉日"，下款为立石子孙题名。碑阴有碑文，介绍马氏迁徙渊源及立碑始末，尾署"甲戌科岁进士朱效文撰文，邑庠生王天章书丹"。近年新址重立。保存较好。

永兴庄村马禄成墓碑 【清】

位于围子街道永兴庄村公墓北首。青石质，圆首，北向。碑身高1.53米，宽0.63米，厚0.18米。碑阳周饰回纹，中题"大清太学生讳禄成字人爵马公之墓"，上款题"嘉庆十九年二月谷旦"，下款为立石子孙题名。碑阴无字。近年新址重立。保存较好。

永兴庄村马让墓碑 【清】

位于围子街道永兴庄村公墓北首。青石质，方首，北向。碑身高1.74米，宽0.65米，厚0.18米。碑阳中题"皇清显考太学生讳让字逊公之墓"，上款题"嘉庆五年岁次庚申二月初七日谷旦"。碑阴首题"碑志"2字，有碑文，记载永兴村马氏始祖自清乾隆四十年（1775）从潍东九甲迁居至此始末，尾署"邑庠生宋云会撰文，邑庠生刘蓝玉书丹"。近年新址重立。保存较好。

东黄埠村马氏节孝碑 【清】

位于围子街道东黄埠村内东西大道南侧。青石质，圆首。碑身长1.88米，宽0.69米，厚0.24米。碑阴向上，额饰五蝠捧寿纹，边饰花草缠枝纹。有碑文，尾署"敕封五品衔、□□科乡魁、拣选知县、借补麟邑县训导麓泉史岱镇拜撰，邑贡生潍东孙廷飑顿首拜书"。碑阳向下，不详。保存较好。

西小章村马氏祖茔碑 【清】

位于围子街道西小章村西南150米。青石质,圆首,西北向。碑身大部被沙土掩埋,宽0.64米,厚0.22米,碑阳额饰双龙戏珠纹,两边饰八仙人物纹,中题"马……",上款题"同治三……";碑阴额饰五蝠捧寿纹,两边饰回纹,有碑文,记载马氏先祖履历及后裔迁徙状况。保存较好。

逄家庄村逄绪纲暨配孙氏墓碑 【民国】

位于围子街道逄家庄村公墓东侧。青石质,圆首,东南向。碑身高1.41米,宽0.7米,厚0.21米。碑阳额及两边饰双龙戏珠纹,中题"处士继三逄公讳绪纲暨配孙……",上款题"民国二十二年二月谷旦,阖学王锡官等全拜",下款为立碑子孙题名。碑阴边饰回纹,有碑文。保存较好。

张董村韩培棠墓碑 【清】

位于围子街道张董村西50米潍河东堤西侧。青石质,圆首,西北向。碑身高1.63米,宽0.69米,厚0.18米。碑阳额饰双龙戏珠纹,边饰回纹,中题"皇清处士芾卿韩公暨元、继配马、张孺人之墓",上款题"光绪十七年二月谷旦",下款题"公嗣男:太学生锡魁,孙:守恭、守让立石"。碑阴额饰双凤朝阳纹,边饰回纹,有碑文,尾署"邑廪生邹文淦撰并书,阖学:王建武、尹聘三、王建堂、黄名扬、王殿甲、尹化邦全拜"。保存较好。

乔家村乔麟公暨配节孝齐氏墓碑 【不详】

位于围子街道乔家村西150米漩河桥北侧。青石质,圆首。碑身长1.65米,宽0.62米,厚0.2米。碑阴向上,额饰草龙捧寿纹,周饰回纹,有碑文。碑阳向下,不详。保存一般。

东张庄村碑刻1 【清】

位于围子街道东张庄村南50米农用桥上。共有3幢,均为青石质。其一,重修张庄村庙宇碑,圆首。碑身长1.98米,宽0.76米,厚0.21米。碑阴向上,额饰五蝠捧寿纹,两边饰瑞草缠枝纹,有碑文,记载清光绪元年(1875)王可社张庄村重修三官庙、火神殿、土地祠、山门、钟楼及关帝庙始末与捐款人与主持善人题名。其二,孙氏节孝碑,圆首。碑身长1.77米,宽0.7米。碑阴向上,有碑文。其三,于浚川撰碑,圆首。碑身长1.83米,宽0.64米。碑阴向上,有碑文,尾署"……眷姻兄于浚川顿首拜撰并书",因据以命名。保存一般。

东张庄村碑刻2 【清~民国】

位于围子街道东张庄村西200米农用桥上。共5幢,均为青石质。可辨识者有基督徒宫元生暨配墓碑1幢,其余4幢碑阴向上,无文字,不能命名。保存较差。

西张庄村李福臣暨配邵氏墓碑　【清】

位于围子街道西张庄村西北200米公墓内。碑身高1.53米，宽0.6米，厚0.21米。碑阳额饰寿字纹，中题"皇清处士福臣李公元配邵氏之墓"，上款题"同治五年十二月"，下款为参与立碑的孙、曾孙、玄孙、元孙题名。碑阴空白。近年新址重立。保存一般。

西张庄村李捷三暨配傅氏墓碑　【清】

位于围子街道西张庄村东南100米潍河大堤东侧。碑身高1.52米，宽0.61米，厚0.17米。碑阳额饰双龙戏珠纹，中题"大清苦节捷三李公元配傅氏之墓"，上款题"道光二十六年四月谷旦"，下款题"阖学：胡光烈、马东升、张含辉；□□、□□、赵□□全拜"。碑阴有碑文，风化严重。近年新址重立。保存较差。

唐家村碑刻　【不详】

位于围子街道唐家村北首村志碑南侧。共有3幢，均为青石质。其一，姜四珣墓碑，圆首。碑身长1.8米，宽0.68米，厚0.23米。碑阳向上，磨损严重。碑阴有碑文，字迹完好。其二，碑阳向下，不详。碑身长1.8米，宽0.68米，厚0.23米。碑阴向上，空白。其三，残碑一段，碑身残长0.68米，宽0.6米。保存较差。

唐家村唐文秀暨配李氏墓碑 【民国】

位于围子街道唐家村西南200米密埠东坡。青石质,圆首,东向。碑身高1.8米,宽0.68米,厚0.2米。碑阳额及两边饰双龙戏珠纹,中题"中华处士雅斋唐公讳文秀暨配李孺人墓",上款题"阖学:陈荣庆、王恒照、朱兆瑞、张明□、王尽卿、王恒谦、杨镇东、陈辉山仝拜",下款题"嗣男:殿卿,胞侄:麟、瑞、谏卿仝立石;民国五年三月谷旦"。碑阴额饰草叶纹,两边饰回纹,有碑文,尾署"廪贡生世谊夏奇峰顿首拜撰并书丹"。近年新址重立。保存较好。

唐家村唐有训暨配卢氏墓碑 【民国】

位于围子街道唐家村西南150米密埠东坡。青石质,圆首,东南向。碑身高1.6米,宽0.66米,厚0.18米。碑阳额及两边饰双龙戏珠纹,中题"清例授修职郎诰命唐公讳有训暨配卢孺人之墓",右侧题唐有训小传,尾署"双桃男:麟德立石",下款题中华民国五年十一月谷旦"。碑阴空白。近年新址重立。保存较好。

董含芳暨配宫王氏墓碑 【清】

位于围子街道天成店村南公墓北侧。青石质,圆首,西北向。碑身高1.68米,宽0.66米,厚0.18米。碑阳中题"皇清显考董氏讳含胜、显妣宫、王氏……"。碑阴有碑文。近年新址重立。保存一般。

天成店村刘思禄墓碑 【清】

位于围子街道天成店村南公墓内。青石质,圆首,南向。碑身高1.68米,宽0.69米,厚0.21米。碑阳额及两边饰双龙戏珠纹,中题"刘氏五世祖讳思禄之墓",上款题"大清道光三十年岁次庚戌二月谷旦"。碑阴有碑文,记载刘氏迁居天成店始末。近年新址重立。保存较好。

天成店村刘元三墓碑　【清】

位于围子街道天成店村南公墓内。青石质，圆首，南向。碑身下部残损，残高1.1米，宽0.65米，厚0.17米。碑阳额饰双龙戏珠纹，两边饰回纹，中残题"皇清处士刘公讳元三暨"，上款残题"光绪二十四年十月"，下款为立石子孙题名，已损。近年新址重立。保存较差。

天成店村刘曰礼暨配姜氏墓碑　【清】

位于围子街道天成店村南公墓内。青石质，圆首，南向。碑身高1.62米，宽0.67米，厚0.21米。碑阳额及两边饰双龙戏珠纹，中题"皇清处士刘公讳曰礼暨配姜氏之墓"，上款题"光绪十八年二月谷旦"，下款为立石子孙题名。碑阴有碑文，尾署"岁贡生愚表弟朱启泰顿首拜撰并书"。近年新址重立。保存较好。

搭连营村王君赐墓碑　【清】

位于围子街道搭连营村东北500米密埠北麓公墓北侧。青石质，圆首。碑身高1.75米，宽0.68米，厚0.19米。碑阳额及两边饰双龙戏珠纹，中题"皇清太学生君赐王公之墓"，上款题"嘉庆九年二月十八日□□"，下款题"男：德邵、德魁、德俊、德高，孙：公升、彦升、若升、旭升立石"。碑阴周饰回纹，有碑文及亲友题名，尾署"壬子科举人、现任江苏淮安府桃源县正堂任修撰"。近年新址重立。保存较好。

 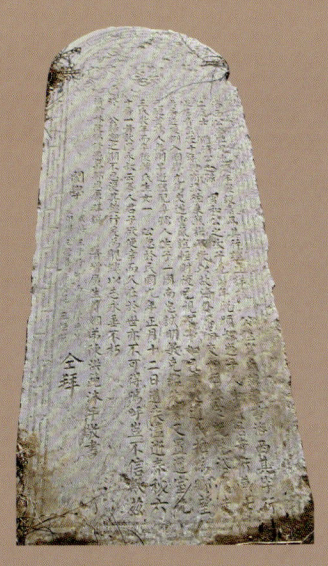 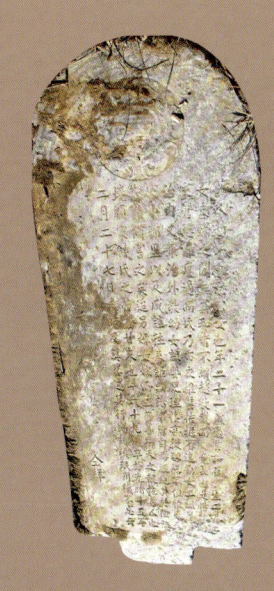

崔家村崔惠暨配陈氏墓碑 【民国】

位于围子街道崔家村东北200米农用桥上。青石质，圆首。碑身长1.8米，宽0.68米。碑阴向上，两边饰暗八仙纹。有碑文，尾署"师范毕业生唐瑞卿撰，清儒学生员杨高林书"。碑阳向下，不详。保存一般。

崔家村崔洛西暨配董、李氏墓碑 【清】

位于围子街道崔家村东北200米农用桥面上。青石质，圆首。碑身长1.75米，宽0.66米。碑阴向上，额饰五蝠捧寿纹，两边饰回纹。有碑文，尾署"清翰林院编修愚弟郭恩赓拜撰，清增广生员愚弟陈洪范沐手敬书。阖学：陈式恪、夏印川；王予玠、王德普；李丙飚、堂赓廷；陈采芹、王恒照仝拜"。碑阳向下，不详。保存一般。

崔家村崔云和暨配节孝赵氏墓碑 【清】

位于围子街道崔家村东北200米农用桥面上。青石质，圆首。碑身长1.75米，宽0.7米。碑阴向上，额饰五蝠捧寿纹，周饰回纹。有碑文，尾署"愚弟太学生宗鲁拜书。阖学：张殿炳、宋万口；王芝芳、陈宗圣；张熔金、王肇培；陈梦鳌、口继祺仝拜"。碑阳向下，不详。保存一般。

四甲村马辉良暨配董氏墓碑 【民国】

位于围子街道四甲村南公墓内。青石质，圆首，西南向。碑身高1.7米，宽0.68米，厚0.21米。碑阳额及两边饰双龙戏珠纹，下边饰海水纹，中题"马氏十世祖辉良元配、继配董氏之墓"，上款题"大清光绪十年岁次甲申三月谷旦"，下款题"后裔五支全立"。碑阴额饰五蝠捧寿纹，有碑文，内容为马辉良后裔世系图。其南侧有附碑，高0.8米，宽0.57米，厚0.17米。民国十三年（1924）三月立。近年重立。保存较好。

大官庄村节孝碑 【清】

位于围子街道大官庄村村委房基上。青石质，圆首。碑身长1.75米，宽0.65米。碑阴向外，额饰寿字纹，边饰回纹。有碑文，尾署"廪贡生张邦栋谨撰并书，阖学：刘桂萼、乔廷魁、傅云登、周怀棠；徐廷俊、梁树椿、董进升、张文泉全拜"。碑阳向内，不详。保存一般。

大官庄村郭承业暨配萧氏墓碑 【清】

位于围子街道大官庄村村委房基上。青石质，圆首。碑身长1.6米，宽0.65米。碑阴向外，额饰寿字纹，周饰回纹。有碑文，尾署"太学生于天培撰并书"，后为乡眷题名。保存一般。

大官庄村孙清可墓碑 【清】

位于围子街道大官庄村村委房。青石质，圆首。碑身长1.75米，宽0.65米。碑阴向外，额饰寿字纹，边饰回纹。有碑文，尾署"廪贡生张邦栋谨撰并书，阖学：乔廷魁、曲泽心、周怀棠、初星海、梁兆奎；梁树椿、张文泉全拜"。碑阳向内，不详。保存一般。

大官庄村王仲武暨配张氏墓碑 【民国】

位于围子街道大官庄村村委房基上。青石质，圆首。碑身长1.8米，宽0.68米。碑阳向外，额饰双龙戏珠纹，边饰回纹，中题"清处士仲武王公暨元、继配张、口氏之墓"，上款题"民国十二年十月谷旦"，下款为立石子孙题名。碑阴向内，不详。保存一般。

董家隅庄村重修天齐庙碑 【清】

位于围子街道董家隅庄村东50米天齐庙旧址。青石质，圆首，南向。碑身高1.63米，宽0.71米，厚0.16米。碑阳额及两边饰双龙戏珠纹，横题"万古流芳"，有碑文，尾署领袖及善人题名。下款题"嘉庆二十四年闰四月阖庄立"。碑阴为捐资题名。近年修复重立。保存一般。

董家隅庄村董保太妻林氏节孝碑
【清】

位于围子街道董家隅庄村东100米东西出村路北侧。青石质，圆首。碑身长1.75米，宽0.69米，厚0.18米。碑阴向上，额饰团寿纹，两边饰双龙戏珠纹，有碑文，尾署"邑辛未进士知含山县事张连茹撰"。碑阳向下，不详。保存一般。

西辛村董日宾暨徐、夏氏墓碑 【清】

位于围子街道西辛村东50米公墓东侧。青石质，圆首，东南向。碑身高1.67米，宽0.7米，厚0.22米。碑阳额饰双龙戏珠纹，周饰回纹，中题"大清处士曰宾董公元配徐、孝贤夏氏之墓"，上款题"道光二十六年十月二十五日谷旦"，下款为立石子孙题名。碑阴有碑文。近年新址重立。保存较好。

大章村高伯相暨配夏、张氏墓碑
【清】

位于围子街道大章村东500米公墓内。青石质，圆首，南向。碑身高1.7米，宽0.68米，厚0.2米。碑阳额及两边饰双龙戏珠纹，中题"皇清处士高公讳□□字伯相元、继配夏、张孺人节孝墓"，上款题"同治五年十月谷旦，阖学：王焕晋、祝羽丰、刘桂芳、于栽堂、苑树琪、黄秀藻、于炳辉、王壬公仝拜"，下款题"男：□□立石"。碑阴周饰回纹，额饰草龙捧寿纹，有碑文，尾署"邑庠生梁树椿撰文，邑廪生王瑞五丹书"。近年新址重立。保存较好。

大章村高次平墓碑 【清】

位于围子街道大章村东500米公墓内。青石质，圆首。碑身高1.78米，宽0.68米，厚0.2米。碑阳额及两边饰双龙戏珠纹，中题"皇清诰赠奉政大夫次平高公之墓"，上款题"光绪十一年十月谷旦，辰山戌向"。下款题"男：鹏飞、鸿飞，孙：缄三、聘三、慎三"。碑阴额饰草龙捧寿纹，周饰回纹，有碑文，尾署"廩贡生愚弟张邦栋顿首拜撰并书"，后为阖学题名。近年新址重立。保存较好。

大章村高鹏飞墓碑 【清】

位于围子街道大章村东500米公墓内。青石质。碑身残高0.45米，宽0.71米，厚0.21米。碑阳残题"赐同进士出"，碑阴残存碑文一段。近年新址重立。保存较差。

宋东村会仙处碑 【清】

位于围子街道宋东村东北20米。青石质，圆首。碑身高1.76米，宽0.66米，厚0.19米。碑阳额饰双龙戏珠纹，两边饰花草纹，下边饰海水纹，中题"会仙处"3个大字，上款题"光绪二十八年四月十五日谷旦"，下款为领袖题名，均凿损。碑阴空白。近年原址重立。保存较好。

宋西村朱之玉墓碑 【清】

位于围子街道宋西村南200米公墓内。青石质，圆首，东北向。碑身高1.45米，宽0.63米，厚0.19米。碑阳额饰双龙戏珠纹，中题"朱氏十世祖邑庠生讳之玉墓"，上款题"大清光绪三年四月谷旦"，下款为参与立碑的七、八世孙题名。碑阴空白。近年新址重立。保存一般。

苏家䣝村姚场墓碑 【清】

位于围子街道苏家䣝村西100米南北路西侧。青石质，方首，南向。碑身高1.68米，宽0.66米，厚0.18米。碑阳中题"高祖姚公讳场之墓"，上款题"时大清乾隆十九年三月吉旦"，下款为立石后裔题名。碑阴无字。近年重立。保存较好。

苏家䣝村姚良民墓碑 【清】

位于围子街道苏家䣝村西100米南北路西侧。青石质，方首，南向。碑身高1.78米，宽0.66米，厚0.18米。碑阳中题"清故处士显祖考良民姚公之墓"，上款题"雍正四年岁次丙午四月谷旦"，下款为立碑六、七世孙题名。碑阴有碑文。近年重立。保存较好。

梁家邰村梁躬介墓碑 【清】

位于围子街道梁家邰村东北公墓南侧。青石质，圆首。碑身下段残损，残高1.1米，宽0.73米，厚0.2米；碑座长1.1米，宽0.6米。碑阳额饰双龙戏珠纹，周饰回纹，中残题"皇清例授修职郎乡饮耆宾梁"，上款题"公讳躬介字石贞"，下款署"嘉庆二十年岁次乙亥二月吉旦"及立石子孙题名。碑阴额饰草龙捧寿纹，周饰回纹，有碑文，首题"大清乡饮耆宾梁公墓碑"，尾署"赐进士出身、知高阳县事、愚表侄……，丙午科举人、拣选知县、眷弟……，乙酉科举人、拣选知县、眷弟……，廪膳生员、眷晚……"。近年新址重立。保存一般。

梁家邰村梁躬谨暨配刘、张氏墓碑 【民国】

位于围子街道梁家邰村东北公墓南侧。青石质，碑额残损。碑身断为两截，残高1.41米，宽0.66米。碑阳中题"……授修职郎慎行梁公讳躬谨暨元、继配刘、张氏墓碑"，右侧为梁躬谨小传，朱文泉撰并书。下款为立石后裔题名。立于民国三年（1914）三月。近年新址重立。保存较差。

梁家邰村梁莲峰暨配翟氏墓碑 【民国】

位于围子街道梁家邰村东北公墓南侧。青石质，圆首。碑身高1.7米，宽0.65米，厚0.17米。碑阳额饰双龙戏珠纹，两边饰回纹，中题"前清乡饮介宾莲峰梁公暨配翟……"，上款题"中华民国二年亥月……"，下款为立石子孙题名。碑阴额饰双凤草叶纹，两边饰回纹，有碑文，尾署"愚再晚夏焕文顿首……"。近年新址重立。保存较好。

梁家郜村梁瑟棠妻节孝朱氏墓碑 【清】

位于围子街道梁家郜村东北公墓西北侧。青石质，圆首。碑身高1.7米，宽0.67米，厚0.15米。碑阳额及两边饰双龙戏珠纹，中题"皇清节孝瑟棠梁公元配朱太……"，上款题"道光二十一年阳月谷旦"，下款为立石子孙题名。碑阴额饰寿字纹，周饰云纹，有碑文，尾署"丙寅岁进士、候选儒学训导愚侄……，郡庠生愚……"。后为阖学题名。近年新址重立。保存较好。

梁家郜村梁锡荣暨配孙、王氏墓碑 【民国】

位于围子街道梁家郜村东北公墓西北侧。青石质，圆首。碑身高1.66米，宽0.68米，厚0.22米。碑阳额饰双龙戏珠纹，周饰回纹，中题"处士仁堂梁公讳锡荣暨配孙、王孺人之墓"，上款题"民国二十四年十月谷旦，阖学全拜"，下款为立石子孙题名。碑阴额饰五蝠捧寿纹，有碑文，尾署"族人炳君谨撰"。近年新址重立。保存较好。

梁家郜村梁载道暨配刘氏墓碑 【清】

位于围子街道梁家郜村东北公墓西北侧。青石质，碑额残损。碑身残高1.1米，宽0.63米，厚0.18米。碑阳两边饰双龙戏珠纹，中残题"……耆宾冠德梁公讳载道暨配刘孺……"，上款题"光绪三十一年十一月谷旦"，下款为立石子孙题名。碑阴两边饰回纹，有碑文，尾署"世谊、优廪贡生张文泉顿首拜撰并书，阖学：房师古、徐文湖、刘星灿、初星海、刘殿初、周铭□、孙殿佑、张道兴全拜"。近年新址重立。保存较差。

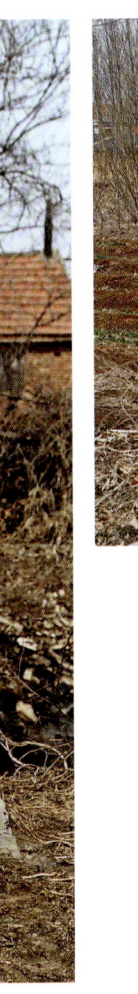

姚家郜村姚公暨配董氏墓碑 【清】

位于围子街道姚家郜村东南公墓内。南向。青石质，圆首，首残缺，碑身高1.84米，宽0.7米，厚0.16米。碑阳额及两边饰双龙戏珠纹，中题"皇清例赠职郎姚公董太君之墓"，上款题"嘉庆二十三年"，下款为立石子孙署名。碑阴有碑文，磨损较严重。近年新址修复重立。保存一般。

姚家郜村姚树椿德寿碑 【民国】

位于围子街道姚家郜村东路北。青石质，圆首，南向。碑身高1.64米，宽0.69米，厚0.19米。碑阳额及两边饰双龙戏珠纹，中题"一乡之望"4个大字，上款题"民国七年十月十六日，杨高林、苏寇乙等为"，下款题"处士讳树椿字寿亭姚老先生立"。碑阴额饰五蝠捧寿纹，两边饰回纹，为参与立碑人员题名。近年新址重立。保存较好。

姚家郜村姚宝善暨配孙氏墓碑 【民国】

位于围子街道姚家郜村东南公墓内。青石质，圆首。碑身长1.59米，宽0.64米，厚0.15米，断为两截。碑阳向上，额及两边饰双龙戏珠纹，下边饰海水纹，中题"清世袭云骑尉、敕授儒林郎吉亭姚公讳宝善继配孙安人墓"，上款题"民国八年三月谷旦"，下款为立石子孙题名。碑阴向下，不详。

姚家郜村姚西园暨配于、姜氏墓碑 【清】

位于围子街道姚家郜村东南公墓内。青石质，圆首。碑身长1.8米，宽0.7米，厚0.2米，断为两截。碑阳向上，额及两边饰双龙戏珠纹，下边饰海水纹，中题"皇清敕授文林郎、貤封朝议大夫、西园姚公暨元配于、继配姜恭人墓"，上款题"宣统三年三月谷旦，壬山丙向"，下款为立石子孙题名。保存较差。

于家郜村于公符墓表 【民国】

位于围子街道于家郜村东北1.5千米水沟边。青石质。碑身长1.75米，宽0.68米。碑阴向上，有碑文，尾署"古牟平世愚晚于清泮谨撰，愚表侄张鸾翙敬书"。碑阳向下，不详。保存较好。

于家郜村于洪墓碑 【民国】

位于围子街道于家郜村东80米公墓内。青石质，方首，北向。碑身高1.62米，宽0.62米，厚0.17米。碑阳周饰回纹，中题"二世祖讳洪之墓"，上款题"中华民国二十六年，栖霞于洪起题铭"，下款为立石后裔题名。碑阴周饰回纹，有碑文，尾署"时中华民国二十六年……恩波谨述，国民政府监察院监察委员栖霞于洪起书丹"。近年新址重立。保存一般。

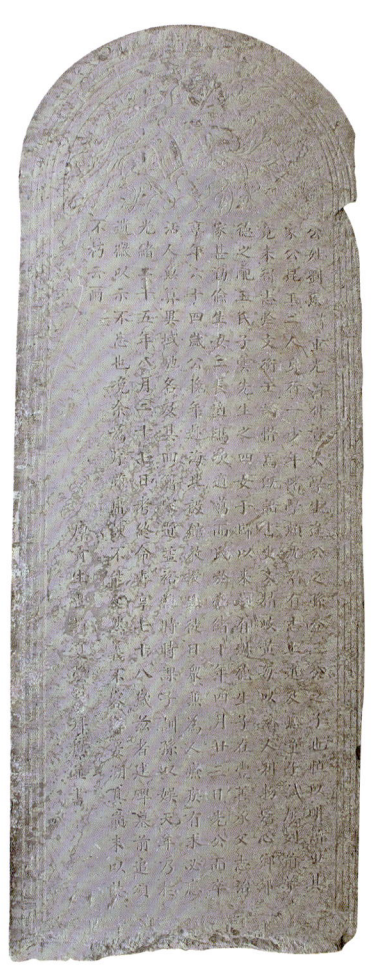

刘家巷村刘大本妻孙氏节孝碑 【清】

位于围子街道刘家巷村原学校校舍北墙基。青石质，圆首。碑身残长1.73米，宽0.62米。碑阴向外，周饰回纹，额横题"流芳百世"，有碑文，尾署"阖学：朱效□、朱效文，张维身、张致恭，孙思圣、孙柏干……"。碑阳向内，不详。保存一般。

刘家巷村刘重光暨配王氏墓碑 【民国】

位于围子街道刘家巷村原学校校舍北墙基。青石质，圆首。碑身长1.83米，宽0.69米。碑阴向外，额饰梅石纹，周饰回纹，有碑文，尾署"廪贡生、世谊夏焕文顿首拜撰并书"。碑阳向内，不详。保存一般。

东王家庄子村刘敬亭暨配乔、张氏墓碑 【清】

位于围子街道东王家庄子村西150米。青石质，圆首。碑身长1.76米，宽0.67米，厚0.2米。碑阴向上，额饰牡丹纹，两边饰花草纹。有碑文，尾署"阖学：乔寰海、于浚川、乔廷廉、董进升、张占鳌、郝锡山全拜"。碑阳向下，不详。保存较好。

东王家庄子村周钦光暨配邢氏墓碑 【民国】

位于围子街道东王家庄子村西150米。青石质，圆首，一侧有残损。碑身长1.83米，宽0.69米，厚0.2米。碑阴向上，额饰五蝠捧寿纹，周饰回纹。有碑文，尾署"前清太学生愚弟□□□顿首拜撰，□清廪贡生愚晚夏焕文顿首书丹"。碑阳向下，不详。保存一般。

西岭村马传诗妻朱氏节孝碑 【民国】

位于围子街道西岭村东北300米公墓内。青石质，圆首。碑身高1.79米，宽0.68米，厚0.22米。碑阳额及两边饰双龙戏珠纹，中题"清敕旌节孝马公讳传诗元配朱孺人之碑"，上款题"民国十六年冬月谷旦，阖学：夏文泉、夏印川、王□介、梁洛洁、孙殿甲、刘涣瀛全拜"，下款为立石子孙题名。碑阴有碑文，尾署"清邑庠生王□介顿首拜撰，清郡庠生于式□顿首拜书"。近年修复重立。保存较好。

赵家庄子村碑刻 【清~民国】

位于围子街道赵家庄子村西南农用桥上。共4幢，均为青石质。可识者有翟氏节孝碑1幢，磨损较为严重。其他3幢文字向下，无法命名。保存较差。

饮马镇

鳌头埠村碑刻 【清~民国】

位于饮马镇鳌头埠村西南侧湾塘东南角。共有4幢，均为青石质。其一，王公暨配张氏节孝碑，圆首。碑身长1.8米，宽0.72米。碑阴向上，有碑文，磨损严重。其他3幢碑阴向上，无文字，无法命名。保存较差。

窑湾村王金镛暨配李氏墓碑 【民国】

位于饮马镇窑湾村东南。青石质，由碑头、碑身、碑座3部分组成，东南向。碑头为庑殿式，碑身高2.6米，宽0.8米，厚0.25米。碑阳周饰回纹，中题"基督信徒金镛王公讳五声暨配李孺人之墓"，上款题"中华民国二十四年冬十一月谷旦，主降世一千九百三十五年"，下款题"公男：炳耀附葬立石，乾山巽向"。碑阴有碑文，尾署"乡愚弟姜熙庸、赵北超薰沐敬肃，敬撰、书"。碑左题"螭蟠鳌负衍瑞发祥"，碑右题"虎卧龙盘钟灵毓秀"。保存较好。

左家营子村董公墓碑 【清】

位于饮马镇左家营子村西南300米公墓内。青石质，方首。碑身高1.6米，宽0.73米，厚0.19米。碑阳有碑文，磨损严重，撰书人为优增生刘瀛海。碑阴空白。近年新址重立。保持较差。

饮马西北村李才臣墓碑 【不详】

位于饮马镇饮马西北村西北600米农用桥上。青石质，首已凿平。碑身残长1.75米，宽0.71米，厚0.22米。碑阴向上，有碑文，首题"李公才臣墓表"，下部磨损，撰书人不详。碑阳向下，不详。保存一般。

饮马西北村碑刻 【清～民国】

位于饮马镇饮马西北村西北200米农用桥上。共有3幢，均为青石质。其一，李维邦暨配王氏墓碑，圆首。碑身长1.8米，宽0.67米，厚0.21米。碑阳向上，额及两边饰双龙戏珠纹，中题"清处士李公讳维邦字彦超暨配王氏之墓"，上款题"中华民国十二年春月吉旦"，下款为立石子孙题名。其他2幢碑阴向上，均无文字。保存一般。

饮马西北村李绍庭暨配张、王、萧氏墓碑 【清】

位于饮马镇饮马西北村西北600米农用桥上。青石质,首已凿平。碑身残长1.75米,宽0.77米,厚0.22米。碑阳向上,中题"皇清儒童李公讳绍庭暨元配淑德张、继配淑德王、继配淑德萧氏之墓",上款题"同治十一年十月吉日"。碑阴向下,不详。保存一般。

饮马西北村杨德芳暨配姜、李氏墓碑 【清】

位于饮马镇饮马西北村西北600米农用桥上。青石质,首凿平。碑身残长1.75米,宽0.68米。碑阳向上,中题"皇清太学生德芳杨公暨元配姜氏、继配敕旌节烈孺人李氏之墓",上款题"光绪十六年四月谷旦",下款题"阖学全立"。碑阴向下,不详。保存一般。

山阳村王中礼墓碑 【民国】

位于饮马镇山阳村西300米博陆山东坡上。青石质,方首,东向。碑身高1.6米,宽0.66米,厚0.2米。碑阳中题"鄢南王氏第一世祖讳中礼暨始祖母氏之墓",右侧有碑文,记载王氏渊源、分支及立碑缘由。下款题"民国二十四年六月谷旦"。碑阴空白。近年新址重立,保存较好。

山阳村温福暨配赵氏墓碑 【民国】

位于饮马镇山阳村西300米博陆山东坡上。青石质,方首,东南向。碑身高1.5米,宽0.78米,厚0.2米。碑阳边饰回纹,中题"陆阳东村温氏始祖讳福暨始祖母赵氏之墓"上款题"民国二十五年三月谷旦",下款为立石后裔题名。碑阴空白。近年新址重立。保存较好。

长太屯村碑刻 【清~民国】

位于饮马镇长太屯村东20米南北路东。共有4幢,均为青石质。其一,节孝儒童秦贞妻任氏墓碑,圆首。碑身长1.7米,宽0.68米。碑阴向下,不详。其他3幢均为方首,碑阴向上,无文字,无法命名。保存一般。

长太屯村温次谦暨配李、王氏墓碑 【民国】

位于饮马镇长太屯村南。青石质,方首。碑身长1.74米,宽0.73米,厚0.2米。碑阳向上,中题"中华处士次谦温公讳□□暨元配李、继配王氏之墓",上款题"民国十五年十一月谷旦",下款题"嗣男:□□稽首立石"。保存较差。

山阴村碑刻1 【清~民国】

位于饮马镇山阴村东50米农用桥面上。共有碑刻5幢,均为青石质。可命名者有:敕旌节孝儒童王泰贞妻任氏墓碑、王可寿暨配于氏墓碑、王维堂暨配郑氏节孝刘氏墓碑3幢。保存较差。

山阴村碑刻2 【清~民国】

位于饮马镇山阴村东南80米农用桥面上。西侧桥洞共有碑刻5幢,均为青石质。可命名者有:王采臣暨节孝林氏墓碑、清封奉政大夫乃赓李公墓志并铭、王杨氏节孝碑3幢。东侧桥洞共有碑刻5幢,均为青石质。可命名者有:李老夫子纪念碑、朱文泉撰墓表、节孝孙氏墓碑3幢。保存一般。

 北孟镇

朱家巷子村朱增礼暨配刘氏墓碑 【民国】

位于北孟镇朱家巷子村东北公墓内。青石质,方首,北向。碑身高1.6米,宽0.65米,厚0.2米。碑阳周饰回纹,中题"清乡饮介宾仪达朱公讳增礼暨配刘氏之墓",上款题"壬戌年四月谷旦",下款为立石子孙题名。碑阴空白。保存较好。

常兴屯村毕振鎏暨配王、李氏墓碑 【清】

位于北孟镇常兴屯村西南2千米农用桥上。青石质。碑身长1.65米，宽0.7米。碑阳向上，边饰回纹，中题"皇清处士毕公讳振鎏字肃亭暨元配王、继配李氏之墓"，上款题"光绪三十一年……"，下款为立石子孙题名。碑阴向下，不详。保存一般。

曹戈庄村曹李氏节孝碑 【民国】

位于北孟镇曹戈庄村内。青石质，方首。碑身长1.9米，宽0.8米，厚0.21米。碑阳向上，周饰回纹，中题"节励松筠"4个大字，上款题"大总统题褒曹振江妻李孺人节孝"，下款题"中华民国九年八月谷旦"。时任大总统为徐世昌。碑阴向下，不详。保存较好。

池后村昌邑仙池李氏先世善行碑 【民国】

位于北孟镇池后村村中。白石质，西向。碑身高1.65米，宽0.7米，厚0.17米。碑阳中题"铭德述恩"4个大字。碑阴额题"千秋如在"，有碑文，首题"昌邑仙池李氏先世善行碑记"，尾署"平度尚庆翰撰文并书，中华民国二十六年春二月二十四日"。保存较好。

东高阳村重公高阳集碑 【清】

位于北孟镇东高阳村焦氏先祠院内。青石质，方首。碑身高1.27米，宽0.65米，厚0.14米。碑阳横刻"万古流芳"4字，有碑文，首题"重公高阳集碑记"。近年重立。保存较差。

韩家高阳村韩希鲁暨配刘氏墓碑 【清】

位于北孟镇韩家高阳村西南150米处。青石质，方首，北向。碑身高1.39米，宽0.64米，厚0.18米。碑阳边饰回纹，中题"皇清乡饮介宾侯东韩公讳希鲁暨元配刘孺人之墓"，上款题"宣统二年十月谷旦"，下款为立石子孙题名。碑阴空白。近年重立。保存一般。

高家屯村碑刻 【清～民国】

位于北孟镇高家屯村十字街西侧。原有小桥，上铺碑刻多块，现被掩埋，仅有残碑3段显露。其一，碑阳向上，中残题"锡口封周暨元配李、继配王孺人墓志"，下款为立石子孙题名。其他碑阳朝下，内容不详，碑阴向上，无字。保存较差。

朱家屋子村高明华暨配张氏墓碑 【民国】

位于北孟镇前朱家屋子村南北大道上。青石质,方首。碑身长1.62米,宽0.7米。碑阳向上,周饰回纹。中题"清处士高公讳明华字春亭暨配张氏之墓",上款题"□□六年十月",下款为立石子孙题名。碑阴向下,不详。保存较差。

李戈庄二村刘邦庆德寿碑 【清】

位于北孟镇李戈庄二村北孟二中院内。青石质,方首。碑身长2.1米,宽0.95米,厚0.27米。碑阳向上,有碑文,首题"皇清贡元介臣刘先生德寿",尾题"同进士出身、前陕西□□知府受业侄壻吴立亭顿首拜撰,优增生世愚侄刘瀛海沐手敬书,光绪三十一年五月谷旦"。碑阴向下,不详。保存一般。

李戈庄三村杨氏家庙碑 【清】

位于北孟镇李戈庄三村杨氏家庙旧址。青石质,方首,南向。碑身高1.66米,宽0.87米,厚0.18米。碑阳周饰回纹,有碑文,首题"杨氏家庙碑",下款不清。保存一般。

李戈庄三村杨升崧暨配朱氏墓碑 【民国】

位于北孟镇李戈庄三村南农用桥上。青石质，碑额残缺。碑身长1.6米，宽0.7米。碑阳向上，两边饰八仙人物纹，中题"前清硕德子高杨公讳升崧敕旌节孝孺人朱孺人墓志"，上款题"中华民国八年三月谷旦，乾山巽向"，下款题"令嗣男：培顺立石"。碑阴向下，不详。保存较差。

太平村刘廷桂墓碑 【民国】

位于北孟镇太平村西农用桥上。青石质，方首。碑身长1.7米，宽0.75米。碑阴向上，有碑文，尾署"乡愚弟朱文泉拜撰并书，民国三年四月初十日"。碑阳向下，不详。碑侧阴刻"丰收桥，一九六五年八月北区大队北"。保存一般。

李家埠村李□氏节孝碑 【民国】

位于北孟镇李家埠村北农用桥上。青石质，碑额残缺。碑身残长1.86米，宽0.75米，厚0.22米。碑阳向上，周饰回纹，有碑文，尾署"清邑庠生眷弟马炳林撰并书"。保存一般。

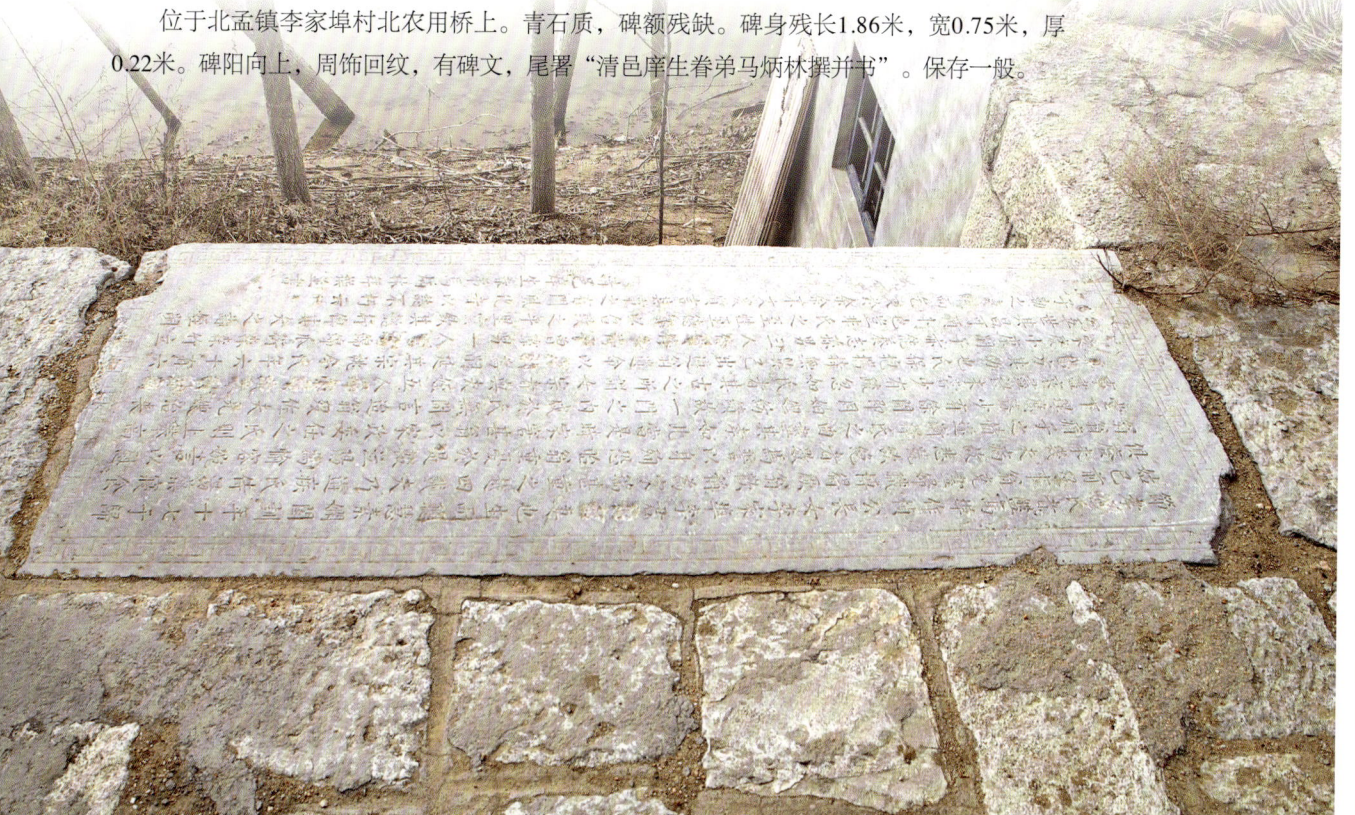

李家埠村李尚杰墓碑 【清】

位于北孟镇李家埠村北农用桥上。青石质，碑额残缺。碑身残长1.47米，宽0.65米，厚0.2米。碑阴向上，周饰回纹，有碑文，尾署"世愚弟乙未科举人于先通撰并书"。碑阳向下，不详。保存一般。

杜卢村卢云从暨配刘氏墓碑 【民国】

位于北孟镇杜卢村北农用桥上。青石质，碑额残缺。碑身残长1.25米，宽0.75米。碑阳向上，中题"……卢公讳云从暨德配口氏丁山癸向之墓"，右侧刻卢云从及刘氏生卒年月，下款题"民国二十三年二月谷旦"。碑阴向下，不详。保存较差。

北孟一村刘作栋暨配李氏墓碑 【民国】

位于北孟镇北孟一村西北200米。青石质，方首，东南向。碑身高1.7米，宽0.75米，厚0.23米。碑阳有碑文，首题"太学生刘公暨德配李孺人墓表"，尾题"乡愚弟朱文泉拜撰并书"。碑阴空白。保存较好。

杜卢村朱长发墓志 【民国】

位于北孟镇杜卢村北农用桥上。青石质。残长0.75米，宽0.88米。碑阴向上，有碑文，首题"长发朱公墓志"，尾署"中华民国十四年十月"。碑阳向下，不详。保存较差。

杜卢村朱自正暨配韩氏墓碑 【民国】

位于北孟镇杜卢村北农用桥上。青石质。碑身长1.5米，宽0.65米。碑阳向上，中题"皇清处士朱公子正讳位升暨元配韩孺人之墓"，上款题"民国九年十一月谷旦"，下款为立石子孙题名。碑阴面下，不详。保存较差。

杜卢村卢国臣墓碑 【民国】

位于北孟镇杜卢村北。青石质，方首。碑身长2.4米，宽0.85米，断为两截。碑阴向上，有碑文，尾署"远东报馆经理高朗轩拜撰并书，中华民国四年四月谷旦"。碑阳向下，不详。保存一般。

杜卢村卢作法暨配胡氏墓碑 【清】

位于北孟镇杜卢村北农用桥上。青石质，方首。碑身长1.35米，宽0.65米。碑阳向上，边饰回纹，中题"皇清处士常斋卢公讳作法暨配胡氏之墓"，上款题"光绪三十年九月谷旦"，下款为立石子孙题名。碑阴向下，不详。保存较差。

孙家营子村碑刻 【清~民国】

位于北孟镇孙家营子村南农用桥上。共3幢，均为青石质。分别为：孙祖母戴太君八十寿序碑、孙焕治墓碑、孙元祥暨配李氏墓碑。保存一般。

曲家七沟村曲整暨配葛氏墓碑 【清】

位于北孟镇曲家七沟村曲氏家庙院内。青石质，方首。碑身高1.53米，宽0.68米，厚0.2米。碑阳周饰回纹，中题"曲氏始祖讳整祖妣葛氏之墓"，上款题"大清光绪三十二年六月谷旦"，下款题"十二世孙振荣同族人立石"。碑阴空白。保存较好。

万和屯村重修石桥碑 【不详】

位于北孟镇万和屯村南东西大道边。青石质。碑身长1.5米，宽0.65米，厚0.18米。碑阳向上，有碑文。碑阴向下，不详。保存较差。

温胡村李刘氏节孝碑 【民国】

位于北孟镇温胡村东北200米公墓。青石质，方首，西南向。碑身高1.73米，宽0.7米，断为两截。碑阳边饰回纹，中题"节孝流芳"4个大字，上款题"中华选民□□祺之妻刘孺人"，下款署"民国十三年"及立石子孙题名。碑阴有碑文。近年修复。保存一般。

北麻湾村王文灿妻节孝碑 【清】

位于北孟镇北麻湾村西北50米农用桥上。青石质。碑身长约1.8米，宽约0.68米。碑阳向上，因砂土覆盖，内容不详。碑阴边饰双龙戏珠纹，有碑文。保存一般。

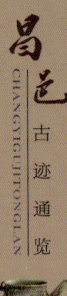

朱家七沟村乡饮介宾朱公善行碑 【清】

前李家庄子村于启述暨配张氏墓碑
【民国】

位于北孟镇朱家七沟村西北30米。青石质，方首，西向。碑身高1.8米，宽0.75米，厚0.2米。碑阳有碑文，首题"乡饮介宾朱公善行"，尾署"廪贡生愚表甥曲锡纯顿首拜撰，愚子婿张晋麒沐手敬书"。碑阴边饰水波纹，为参与立碑者98人题名，尾署"大清光绪三十三年十一月谷旦仝立"。保存较好。

位于北孟镇前李家庄子村东公墓内。青石质，方首，南向。碑身小部分埋入土中，外露部分高1.26米，宽0.66米，厚0.17米。碑阳周饰回纹，中题"清太学生于公讳启述字明斋德配张孺人墓"，上款题"民国二十一年十一月谷旦"，下款为立石子孙题名。保存较好。

九龙屯村张华卿暨配于氏墓碑
【民国】

位于北孟镇九龙屯村西100米路北。青石质，方首，南向。碑身高1.75米，宽0.73米，厚0.2米。碑阳额饰云寿纹，有碑文，上款题"清处士华卿张公碑记"，下款题"民国十四年十月谷旦，中学肄业从堂叔晋麒撰并书"。碑阴空白。保存较好。

后周家七沟村周天申暨配朱、邱氏墓碑 【民国】

位于北孟镇后周家七沟村西北公墓北侧。青石质，方首，东南向。碑身高1.63米，宽0.71米，厚0.17米。碑阳额饰五蝠捧寿纹，两边饰暗八仙人物纹，中题"清处士恩溥周公讳天申暨元配朱、继配邱孺人合附之墓"，上款题"中华民国十一年三月谷旦立石"，下款为立石子孙题名。保存较好。

后朱家庄子村朱超贵暨配毕氏墓碑 【清】

位于北孟镇后朱家庄子村西200米农用桥上。青石质，圆首。碑身长1.8米，宽0.73米，厚0.22米。碑阳向上，额饰双龙戏珠纹，中题"圣旨"2字，边饰八仙人物纹。碑阳中题"皇清处士苏良朱公讳超贵德配敕旌节孝毕氏孺人合葬之墓"，上款题"光绪十九年十一月谷旦立石"，下款为立石子孙题名。碑阴向下，有碑文。保存较好。

后朱家庄子村朱起海暨配李、杨氏墓碑 【民国】

位于北孟镇后朱家庄子村西农用桥上。青石质，方首。碑身长1.63米，宽0.68米，厚0.19米。碑阴向上，无字。碑阳向下，有碑文，尾署"前清邑庠生马炳林……，中学毕业马骏德……，民国二十三年四月……"。保存较好。

后朱家庄子村朱丕睿暨配陈氏墓碑 【清】

位于北孟镇后朱家庄子村西农用桥上。青石质,方首。碑身长1.56米,宽0.7米,厚0.19米。碑阳向上,周饰花草缠枝纹,横题"朱氏碑记",中题"皇清处士显祖考讳丕睿、妣陈孺人之墓",上款题"光绪元年吉□谷旦",下款为立石子孙题名。碑阴向下,不详。保存较差。

朱家屯村碑刻 【清~民国】

位于北孟镇朱家屯村东南农用桥上。共6幢。5幢完整,因砂石覆盖,不能命名。可见为徐门翟氏墓志碑,残长0.98米,宽0.62米。保存较差。

朱家屯村公湾公示碑 【民国】

位于北孟镇朱家屯村北湾塘石桥侧。青石质,方首。碑身长1.8米,宽0.75米。碑阳有碑文,为当地政府解决村民湾塘纠纷的判词。保存较差。

朱家村碑刻 【清~民国】

位于北孟镇朱家村东50米路北农一节制闸上。共有4幢,均为青石质。其一,朱抡升暨配隋氏墓碑,圆首。碑阳向上,额饰双龙戏珠纹,两边饰暗八仙纹,中题"皇清乡饮介宾□俊朱公讳抡升暨德配隋孺人之墓",左右为立石子孙题名,多磨损。上款题"光绪三十年十一月谷旦"。碑阴空白。其二,朱立训墓碑,圆首。碑阳向上,有碑文,磨损严重。其三,朱继成暨配鞠氏墓碑。碑阴向上,空白,碑阳向下。其四,张氏节孝碑,圆首。碑阳向上,额饰双龙戏珠纹,中篆书"圣旨"2字。碑阴向下,有碑文。立于道光三十年(1850)。保存较差。

石埠经济发展区

西孙家薛庄村陈述富妻李氏节孝碑 【清】

位于石埠经济发展区西孙家薛庄村西公墓西南100米。青石质,圆首。碑身长1.83米,宽0.69米,厚0.23米。碑阴向上,额饰五蝠捧寿纹,周饰回纹,有碑文,尾署"邑庠生初星海顿首拜撰并书"。碑阳向下,不详。保存较好。

西孙家薛庄村孙为鸿妻李氏节孝碑 【不详】

位于石埠经济发展区西孙家薛庄村西公墓内。青石质,圆首。碑身长1.68米,宽0.68米,厚0.2米。碑阴向上,额饰五蝠捧寿纹,有碑文,尾署"眷生张立堂谨启并书"。碑阴向下,不详。保存一般。

旗杆元家村元邦洵妻刘氏节孝碑 【民国】

位于石埠经济发展区旗杆元家村南500米引黄济青水渠南侧。青石质。由碑头、碑身、碑座3部分组成,南向。碑头高0.94米,宽0.92米,厚0.38米;碑身高1.72米,宽0.75米,厚0.25米。碑头深浮雕双龙戏珠,中刻民国旗帜。碑阳边饰八仙人物纹,中题"清风穆如"4个大字,上款题"元公邦洵元配刘孺人节孝碑,亥山己向",下款题"民国二十四年二月谷旦,阖学同拜"。碑阴有碑文,尾署"清邑庠生张恒拜撰,师范毕业于凤鸣书院"。近年新址重立。保存较好。

旗杆元家村元凤礼暨配宋氏墓碑 【民国】

位于石埠经济发展区旗杆元家村西南引黄济青水渠南侧。青石质,方首,南向。碑身高1.6米,宽0.66米,厚0.16米。碑阳额饰双龙戏珠纹,两边饰八仙人物纹,中题"中华选民敦五元公讳凤礼暨配宋氏之墓",上款题"民国二十年三月谷旦,阖学全拜,亥山己向",下款为立石子孙题名。碑阴有碑文,下款题"清邑庠生张桓拜撰"。近年新址重立。保存较好。

戴家薛庄村戴氏先茔碑 【民国】

位于石埠经济发展区戴家薛庄村西南500米公墓内。青石质,方首。碑身高1.54米,宽0.66米,厚0.17米。碑阳周饰回纹,中题"戴氏先茔"4个大字,上款署"民国二十一年桃月谷旦",碑下方左右为参与立碑的十世至十五世孙题名。碑阴有碑文,尾署"清邑庠生初星海顿首拜撰并书"。近年新址重立。保存较好。

戴家薛庄村戴荩臣妻李氏节孝碑 【清】

位于石埠经济发展区戴家薛庄村西南500米公墓内。青石质，圆首。碑身高1.75米，宽0.68米，厚0.23米。碑阳额及两边饰龙纹，中题"大清处士荩臣戴公元配李氏节孝碑"，下款为立石子孙题名。碑阴有碑文。近年新址重立。保存较好。

戴家薛庄村戴文友暨配张氏墓碑 【清】

位于石埠经济发展区戴家薛庄村西南500米公墓内。青石质，圆首。碑身高1.65米，宽0.68米，厚0.21米。碑阳周饰回纹，横题"大清"2字，中题"耆老讳文友字圣志戴公元配张氏之墓"，左右为立石子孙题名。碑阴空白。近年新址重立。保存较好。

戴家薛庄村戴君治妻王氏节孝碑 【民国】

位于石埠经济发展区戴家薛庄村西南500米公墓内。青石质，圆首。碑身高1.75米，宽0.69米，厚0.2米。碑阳额饰双龙戏珠纹，中题"福寿"2字，两侧饰回纹，中题"玉德冰操"4个大字，上款题"中华民国二十一年三月谷旦"，下款题"阖学全拜"。碑阴有碑文，尾署"清庠生王兰谷顿首拜撰并书"。近年新址重立。保存较好。

戴家薛庄村戴毓瓒暨配王氏墓碑 【民国】

位于石埠经济发展区戴家薛庄村西南500米公墓内。青石质，圆首。碑身高1.83米，宽0.66米，厚0.2米。碑阳额饰双龙戏珠纹，两边饰八仙人物纹，中题"清乡饮介宾戴公讳毓瓒字凤舞暨元配王孺人之墓碑"，上款题"民国十五年夏历十月谷旦"，下款为立石子孙题名。碑阴有碑文。近年新址重立。保存较好。

李范村董存有暨配王氏墓碑 【民国】

位于石埠经济发展区李范村东100米公墓内。青石质，圆首。碑身高1.7米，宽0.65米，厚0.2米。碑阳额饰双龙戏珠纹，两边饰回纹，下饰海水纹，中题"清耆儒储光董公讳存有暨配王氏之墓"，上款题"民国二年三月四日谷旦"，下款为立石子孙题名。碑阴额饰花鸟纹，周饰回纹，有碑文，尾署"廪贡生夏焕文顿首拜撰并书丹"。近年新址重立。保存较好。

李范村董文富暨配李氏墓碑 【民国】

位于石埠经济发展区李范村东100米公墓内。青石质，圆首。碑身高1.71米，宽0.67米，厚0.21米。碑阳额饰双龙戏珠纹，两边饰回纹，下边饰海水纹，中题"清处士书田董公配李氏之墓"，上款题"民国二十三年四月谷旦，阖学仝拜"，下款为立石子孙题名。碑阴额饰牡丹纹，周饰回纹，有碑文，尾署"邑□生尹化邦顿首拜撰，廪贡生夏焕文熏沐拜书"。近年新址重立。保存较好。

李范村李克和暨配张氏墓碑 【民国】

位于石埠经济发展区李范村东100米公墓内。青石质，圆首。碑身高1.7米，宽0.69米，厚0.21米。碑阳额饰双龙戏珠纹，两边饰暗八仙纹，下边饰海水纹，中题"前清例贡生煦斋李公讳克和暨配张孺人之墓"，上款题"民国二十年夏历十月谷旦，阖学：王兰谷、夏一鹏、夏焕文、初星海、夏印川、贾文龄、徐琴堂、田效严全拜"。下款为立石子孙题名。碑阴有碑文，尾署"前清五品衔、廪贡生巨□于浚川拜撰并书"。近年新址重立。保存一般。

李范村李元暨配刘氏墓碑 【清】

位于石埠经济发展区李范村东100米公墓内。青石质，圆首。碑身高1.66米，宽0.68米，厚0.19米。碑阳额及两边饰双龙戏珠纹，下边饰海水纹，中题"皇清处士李公讳元字先亨暨元配刘氏之墓"，上款题"光绪二十一年岁次乙未三月谷旦，阖学：贾烂霄、马麟书、穆廷铭、乔瀛海、范德全、孙崑、魏浩州、王瑞荣"。下款为立石子孙题名。碑阴空白。近年新址重立。保存较好。

李范村刘永辉善行碑 【清】

位于石埠经济发展区李范村东100米公墓内。青石质，圆首，碑额残。碑身高1.71米，宽0.71米，厚0.22米。碑阳额及两边饰双龙戏珠纹，下边饰海水纹，中题"仁人利溥"4个大字，上款题"大清光绪四年□月谷旦，立兴、石台、宿台、任流等社为"，下款题"例授文林郎乡饮介宾永辉刘公立"。碑阴额饰飞鹤纹，两边饰草叶纹，有碑文，尾署"邑廪膳生员潘洪范顿首拜撰，邑附学生员王者香沐手敬书"。近年新址重立。保存较好。

李范村刘永耀暨配孙、赵、李氏墓碑 【清】

位于石埠经济发展区李范村东100米公墓内。青石质，圆首，碑额残损。碑身高1.54米，宽0.74米，厚0.23米。碑阳额饰双龙戏珠纹，两边饰回纹，中题"皇清乡饮介宾刘公讳永耀字远光暨元配孙、继配赵、继配李氏墓志"，上款题"阖学：孙崑、傅壬泉、□□□、李□椿、初星海、李雨亭、杨松清、李庠居全拜"，下款为立石子孙题名。碑阴两边饰回纹，有碑文，尾署"邑庠生傅壬泉顿首拜撰并书"。近年新址重立。保存一般。

西郭家庄子村范景可暨配马氏诰命碑 【清】

位于石埠经济发展区西郭家庄子村内。青石质，圆首。碑身长2.05米，宽0.8米，厚0.26米。碑阳额及两边饰双龙戏珠纹，额题"圣旨"2字，下边饰海水纹。有碑文，为直隶州知州傅凤飏之外祖父母诰命，尾署"光绪五年闰三月初三日，直隶州知州傅凤飏之外祖父母"。碑阴向下，不详。保存较好。

董家流河村董克圣暨元配李氏墓碑 【清】

位于石埠经济发展区董家流河村南公墓内。青石质，圆首。碑身长1.83米，宽0.74米，厚0.23米。碑阳向上，额饰双龙戏珠纹，两边饰八仙人物纹，下边饰莲花纹，中题"皇清儒童董公讳克圣字贤希暨元配李孺人之墓"，上款题"光绪三十三年三月谷旦"，下款为立石子孙题名。碑阴向下，不详。保存较好。

西郭家庄子村穆启芳墓碑 【民国】

位于石埠经济发展区西郭家庄子村西50米。青石质，方首。碑身长1.8米，宽0.7米，厚0.18米。碑阳向上，额及两边饰双龙戏珠纹，下边饰海水纹，中题"处士学清穆公讳启芳暨元配□氏、继配□氏之墓"，上款为阖学题名，下款题"民国二十四年十二月"。碑阴向下，不详。保存较差。

西郭家庄子村于明俊暨配李氏墓碑 【民国】

位于石埠经济发展区西郭家庄子村西50米。青石质，方首。碑身长1.8米，宽0.7米，厚0.18米。碑阳向上，周饰回纹，中题"处士杰卿于公讳明俊暨配李太君之墓"，上款题"□□十三年四月谷旦，亲友全拜"，下款为立石子孙题名。碑阴向下，不详。保存一般。

西郭家庄子村翟讷暨配孙氏墓碑 【清】

位于石埠经济发展区西郭家庄子村西50米。青石质，圆首。碑身长1.74米，宽0.7米，厚0.21米。碑阳向上，额及两边饰双龙戏珠纹，下边饰海水纹，中题"皇清处士翟公讳讷字艮辅暨配孙太君之墓"，上款题"光绪五年三月十三日谷旦"，下款题"艮山坤向"。碑阴向下，不详。保存较好。

西郭家庄子村翟正德暨配节孝傅氏墓碑
【民国】

位于石埠经济发展区西郭家庄子村西50米。青石质，圆首。碑身长1.77米，宽0.67米。碑阳向上，额饰双龙戏珠纹，两边饰八仙人物纹，下边饰海水纹，中题"清旌节孝正德翟公元配傅孺人墓"，上款题"民国二十三年二月吉旦"，下款为阖学初星海等题名。尾署"嗣男：发文立石"。碑阴向下，不详。保存较好。

傅家庄村碑刻 【清~民国】

位于石埠经济发展区傅家庄村北湾塘西北侧。共4幢，均为青石质。其一，张氏节孝碑，圆首。碑身长1.75米，宽0.65米，断为两截。碑阴向上，额饰五蝠捧寿纹，两边饰花草缠枝纹，有碑文，尾署"邑庠生初星海顿首拜撰，族侄蕙田沐手敬书"。碑阳向下，不详。其二，岁贡张老夫子墓碑。残存上半部，长1.06米，宽0.7米。其他2幢碑阴向上，无文字。保存较差。

后柳杭村碑刻 【民国】

位于石埠经济发展区后柳杭村东南1千米农用桥上。共2幢，均为青石质。其一，王仁亭善行碑。碑身长1.7米，宽0.66米，厚0.22米。碑阴向上，砂石覆盖，碑阳向下，可见约2/3。中题"（德）洽桑（梓）"4个大字，上款题"……仁亭瑞兰王老先生善行碑志"，下款题"乡长、区长：李润芬、王金榜、马继禹、姜续焘；社长：徐鸿本、李法侨、李桂芳、翟凤文、刘本旬、王格思、于维清、李树清；闾……"，年月仅见"谷旦"2字。其二，穆氏墓碑。碑身残长1.68米，宽0.65米。碑阴向上，砂石覆盖，碑阳向下，可见约2/3。中题"……暨配穆孺人之（墓）"，下款题"公男：竹亭、寿亭，孙：龙洲立石"。保存较差。

东金台村李忾暨配王、王、李氏墓碑 【民国】

位于石埠经济发展区东金台村东北400米公墓内。青石质，圆首，东南向。碑身高1.8米，宽0.69米，厚0.21米。碑阳额饰双龙戏珠纹，两边饰回纹，中题"前清处士李公讳忾字乐亭暨元配王、继配王、继配李氏之墓碑"。上款题"夏正岁次癸亥四月谷旦"，下款为立石后裔题名。碑阴空白。近年新址重立。保存较好。

东金台村李喜兴暨配王氏墓碑 【清】

位于石埠经济发展区东金台村东北400米公墓内。青石质，圆首，东南向。碑身高1.71米，宽0.7米，厚0.2米。碑阳额饰双龙戏珠纹，两边饰暗八仙纹，中题"皇清处士李公讳喜兴字伯起暨配王氏之墓"，上款题"光绪二十五年年十月谷旦"，下款题"公男：显注，嗣孙：来旬立石"。碑阴空白。近年新址重立。保存较好。

东金台村李长民暨配张氏墓碑 【清】

位于石埠经济发展区东金台村东北400米公墓内。青石质，圆首，东南向。碑身高1.92米，宽0.74米，厚0.25米。碑阳额饰双龙戏珠纹，两边饰回纹，中题"皇清太学生例封武德骑尉李公讳长民字君佐暨配安人张太君之墓"，上款题"道光十二年十一月十二日谷旦"，下款为立石后裔题名。碑阴空白。近年新址重立。保存较好。

后马兰屯村李永和暨配孙氏墓碑 【民国】

位于石埠经济发展区镇后马兰屯村西南100米池塘西侧。青石质，圆首。碑身长1.5米，宽0.55米。碑阳向上，额及两边饰双龙戏珠纹，中题"清处士叔平李公讳永和暨配孙氏之墓"，下款题"民国二十五年三月谷旦"。碑阴向下，不详。保存较差。

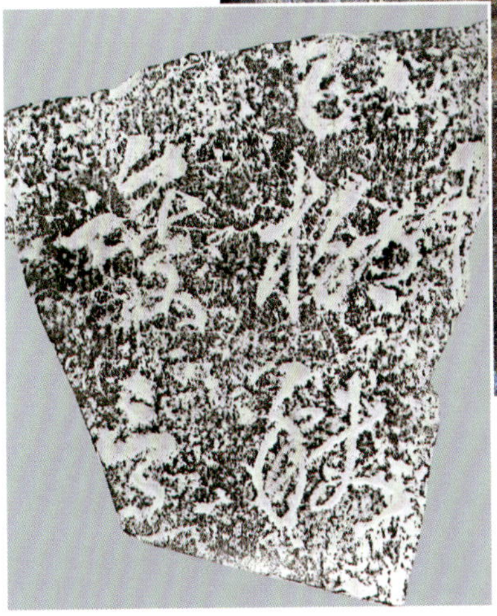

石埠西村李昭信生坟记 【金】

位于石埠经济发展区石埠西村西遇仙园旧址。刻于一暗红色石英岩上,东向。高0.9米,宽0.78米。线框内题"大定甲午,李昭信自立生坟记。妻张氏,东平府人,事父,故仕居"。20世纪60年代遇仙园出土,90年代重修遇仙园立于现址。其侧有金代全真七子之一刘长生诗刻残石,青石质。高0.29米,宽0.27米,碑阴尚存"花柳秋变这"5字,"柳、秋、变"3字完整。保存较好。

石埠西村民国二十二年重修遇仙园碑 【民国】

位于石埠经济发展区石埠西村西遇仙园旧址。青石质，方首，东向。碑身高1.76米，宽0.69米，厚0.21米。碑阳周饰回纹，中题"至诚感格"4个大字，上款为仙师及领袖题名，下款题"中华民国二十二年六月谷旦"。碑阴为捐款善人题名。近年重立。保存较好。

石埠西村泰山圣会众善题名碑 【清】

位于石埠经济发展区石埠西村西遇仙园旧址。青石质，圆首，东向。碑身高1.69米，宽0.69米，厚0.17米。碑阳、碑阴所刻内容均为泰山圣会众善题名。近年重立。保存较好。

石埠西村同治十一年重修遇仙园碑 【清】

位于石埠经济发展区石埠西村西遇仙园旧址。青石质，方首，东向。碑身高1.7米，宽0.64米，厚0.21米。碑阳周饰回纹，有碑文，记载修缮遇仙园始末，尾署"清本邑庠生李淑培敬撰，潍县邑廪生孙华庭谨书"。碑阴周饰回纹，为捐款善人题名。近年重立。保存较好。

石埠西村张氏祖墓碑 【清】

位于石埠经济发展区石埠西村西50米公墓内。青石质,圆首,南向。碑身高1.67米,宽0.68米,厚0.19米。碑阳额饰双龙戏珠纹,边饰回纹,中题"张氏祖墓"4个大字,上款题"光绪十三年三月谷旦",下款题"阖族仝立"。碑阴有碑文,尾署"十世孙廷弼谨识"。近年新址重立。保存较好。

石埠西村张次宪暨配孟氏墓碑 【清】

位于石埠经济发展区石埠西村西50米公墓内。青石质,方首,西北向。碑身高1.7米,宽0.71米,厚0.22米。碑阳周饰回纹,中题"清太学生次宪张公暨配孟孺人之墓",上款题"大中华甲子春二月追建",下款为立石子孙题名。碑阴有碑文,尾署"清鸿胪寺序班□□□生张联□谨撰,例贡生孙正梓顿首拜书"。近年新址重立。保存一般。

石埠北村瞿存绪暨配周氏墓碑 【民国】

位于石埠经济发展区石埠北村公墓内。青石质,圆首,东南向。碑身高1.67米,宽0.66米,厚0.18米。碑阳额饰双龙戏珠纹,两边饰四君子纹,中题"清授登仕郎缵臣瞿公暨配周孺人之墓",上款题"民国十三年二月谷旦",下款为立石子孙题名。近年新址重立。保存一般。

石埠北村翟恩武暨配孙氏墓碑
【清】

　　位于石埠经济发展区石埠北村公墓内。青石质，圆首，东南向。碑身高1.7米，宽0.67米，厚0.17米。碑阳额饰双龙捧寿纹，边饰回纹，中题"皇清例授修职郎翟公讳恩武字师毅暨配孙氏墓"，上款题"咸丰六年岁次丙辰九月二十八日谷旦立石"，下款为子孙题名。碑阴额饰寿字纹，有碑文。近年新址重立。保存较好。

西刘家薛庄村刘朋乾暨配李氏墓碑
【清】

　　位于石埠经济发展区西刘家薛庄村西500米公墓内。青石质，圆首，南向。碑身高1.6米，宽0.67米，厚0.21米。碑阳额饰双龙戏珠纹，两边饰回纹，中题"皇清处士刘公讳朋乾字用九暨德配李氏之墓"，上款题"光绪二十八年二月谷旦"，下款题"公男：玉昆立石"。碑阴空白。近年新址重立。保存较好。

明家庄村碑刻 【不详】

　　位于石埠经济发展区明家庄村西50米农田中。青石质。碑身长1.75米，宽0.68米。碑阴向上，有碑文，字迹残损严重，尾署"廪贡生戚□文并撰"。碑阴向下，不详。保存较差。

前史家庄村泰山老母香会众善题名碑 【清】

位于石埠经济发展区前史家庄村北100米东安王庙院内。青石质，方首，东向。碑身高1.62米，宽0.7米，厚0.18米。碑阳额饰福寿纹，周饰回纹，有碑文，内容为光绪二年（1876）三月十五日泰山香会众善题名。碑阴空白。近年新址重立。保存较好。

前史家庄村重修抚生大殿碑 【民国】

位于石埠经济发展区前史家庄村北100米东安王庙院内。青石质，圆首，东向。碑身高1.8米，宽0.68米，厚0.2米。碑阳额饰双龙戏珠纹，中书"落成"2字，边饰回纹，有碑文，记载重修抚生大殿始末，上款题"中华民国十年二月谷旦"，下款为领袖人题名。碑阴空白。近年新址重立。保存较好。

前史家庄村重修青山庙宇碑 【民国】

位于石埠经济发展区前史家庄村北100米东安王庙院内。青石质，方首，南向。碑身残高1.36米，宽0.7米，厚0.19米。碑阳额饰双龙戏珠纹，两边饰暗八仙纹，有碑文，记载民国十四年（1925）修缮青山庙宇始末，署"师范毕业黄金□……，清廪贡生夏焕文……"。后为领袖人题名，尾署"民国十四年三月谷旦"。近年新址重立。保存一般。

下营镇

冯家村冯氏祖墓碑 【清】

位于下营镇冯家村北公墓内。青石质，圆首，南向。碑身高1.77米，宽0.67米，厚0.22米。碑阳额及两边饰双龙戏珠纹，下边饰海水纹，中题"冯氏祖墓"4个大字，上款题"大清道光廿六年岁次丙午十月朔一日谷旦"，下款题"八世孙邑庠生□□敬书"。碑阴额饰云蝠纹，两边饰双龙捧寿纹，下边饰海水纹，有碑文，后有立石七、八世孙题名。近年新址重立。保存较好。

海眼村冯氏祖茔碑1 【清】

位于下营镇海眼村东。青石质，圆首。碑身高1.85米，宽0.73米，厚0.25米。碑阳额饰双龙捧寿纹，边饰回纹，有碑文，尾署"二十二代孙昌□因前碑文续撰并书，大清光绪元年二月二十九日清明节谷旦"。碑阴有碑文，记载昌邑冯氏迁徙渊源，尾署"二十四代孙毓秀书"。近年修复重立。保存较好。

海眼村冯氏祖茔碑2 【清】

位于下营镇海眼村东。青石质，方首。碑身高1.7米，宽0.69米，厚0.14米。碑阳饰金钱纹，有碑文，横题"祖茔碑记"，尾署"大清乾隆二十六年十月初一日立"及撰书立石后裔题名。近年修复重立。保存较好。

火道村节孝碑　【民国】

位于下营镇火道村东南路边。青石质，圆首。碑身长1.9米，宽0.7米，断为两截。碑阳向上，额及两边饰双龙戏珠纹，中题"冰操鹤算"4个大字，上款题"民国三年十月"，下款为立石子孙题名。保存较差。

火道村孙光玉妻刘氏节孝碑　【清】

位于下营镇火道村东南路旁。青石质，方首。碑身长1.95米，宽0.67米。碑阴向上，周饰回纹，有碑文，落款为"廪贡生孟广名撰书"。碑阳向下，不详。保存一般。

火道村郝经亭暨配耿、孙、孙氏墓碑　【清】

位于下营镇火道村东南农用桥上。青石质，圆首。碑身长1.75米，宽0.67米。碑阳向上，额饰双龙戏珠纹，两边饰八仙人物纹，中题"皇清处士经亭郝公暨元配耿、继配孙、继配孙孺人之墓"，上款题"光绪三十四年七月谷旦"，下款为立石子孙题名。碑阴向下，不详。保存一般。

北赵村李氏节孝碑 【清】

位于下营镇北赵村东湾塘西侧井台上。青石质，圆首。碑身长1.78米，宽0.72米，厚0.21米。碑阴向上，额饰双凤朝阳纹，两边饰缠枝番莲纹。有碑文，因长年踩踏，磨损严重。尾署"庚午科副举人、候选教谕加一级、胶东世愚弟崔渐逵拜撰，邑庠生任文川拜书。阖学：朱勋阶、崔屏东，姜乾五、杨汝舟，任景亭，卢书崧，韩俊卿、阎儒珍全拜"。碑阴向下，不详。保存一般。

北赵村"民国十年"墓碑 【民国】

位于下营镇北赵村东湾塘西侧井台上。青石质，圆首。碑身长1.85米，宽0.72米，厚0.2米。碑阴向上，两边饰缠草叶纹。有碑文，因长年踩踏，磨损严重，大部不能识读，文尾可辨"卒于民国十年十二月十八日"，据以定名。碑阴向下，不详。保存较差。

火道村孙振兴墓碑 【清】

位于下营镇火道村东南农用桥上。青石质，圆首。碑身长1.7米，宽0.63米。碑阴向上，额饰团寿纹，边饰回纹。有碑文，首题"振兴孙公墓志"，下款题"族愚甥丁酉科拔贡口天衢顿首拜"。碑阳向下，不详。保存一般。

北二甲村谢斐卿暨配孙氏墓碑 【民国】

位于下营镇北二甲村东1.5千米农用桥上。青石质，圆首。碑身长1.88米，宽0.74米，已断裂。碑阳向上，额饰双龙戏珠纹，边饰回纹，中题"清故例□修职郎斐卿谢公暨配孙孺人墓志"，上款题"民国□年九月，乾山巽向"，下款为立石子孙题名。碑阴向下，不详。保存较差。

北二甲村碑刻 【清~民国】

位于下营镇北二甲村东1千米农用桥上。共有6幢，均为青石质。其一，谢国瑞暨配王氏墓碑，圆首。碑身长1.78米，宽0.67米。碑阴向上，额饰云蝠团寿纹，边饰回纹，有碑文。碑阳向下，不详。其二，姜恒麓墓志，圆首。碑身长1.66米，宽0.68米。碑阴向上，额饰梅纹，边饰瑞云团寿纹。有碑文，首题"恒麓姜公墓志铭"，尾署"邑庠生宋振铎春圣氏拜撰，眷姻兄邑庠生李世桢敬书"。碑阳向下，不详。其三，谢明甫暨配胡氏墓碑，碑身长1.68米，宽0.7米。碑阴向上，空白。碑阳向下，中刻"皇清敕旌节孝明甫谢公元配胡氏□□"。其四，谢廷槐暨配张氏墓碑，碑身长1.76米，宽0.7米。碑阳向上，边饰双龙戏珠纹，中题"皇清节孝廷槐谢公元配张氏之墓"，上款题"道光元年三月初二日"，下款为立石子孙题名。碑阴向下，不详。其五，谢雨卿妻节孝李氏墓碑，圆首。碑身长1.88米，宽0.88米。碑阴向上，有碑文。碑阳向下，额及两边饰双龙戏珠纹，中题"皇清敕旌节孝雨卿谢公元配李□□"，上款题"民国十年……"，下款为立石子孙题名。其六，谢子敬继配李氏节孝碑，圆首。碑身长1.75米，宽0.67米，断为两截。碑阴向上，额饰五蝠捧寿纹，边饰回纹，有碑文，尾署"□□九拜撰并书，孙□斋、□君瑞、高邦俊仝拜"。碑阳向下，中题"敕旌节孝处士子敬谢公继配李□□"。保存较差。

常家村胡邦佑墓石刻 【清】

位于下营镇常家村东湾塘西侧。在南北15米、东西10米范围内散落石狮子1件、石马残件2件、狮子底座1件、牌坊构件2件。原为清宁波府知府胡邦佑墓前石像生，早年毁弃。保存较差。

李刘村刘瑞堂暨配张氏墓碑 【民国】

位于下营镇李刘村东南公墓内。青石质，圆首，东北向。碑身高1.8米，宽0.69米，厚0.22米。碑阳额饰双龙戏珠纹，边饰回纹，中题"处士瑞堂刘公暨元、继配张氏之墓"，上款"民国二十六年十月谷旦"，下款题"乡眷鞠躬"。碑阴额饰团寿纹，边饰回纹，有碑文，首题"瑞堂刘公墓志"，下款题"李世□敬撰并书"。近年新址重立。保存较好。

李刘村碑刻1 【不详】

位于下营镇李刘村东南农用桥上。共有2幢，均为青石质。其一，□氏节孝碑，碑额损，残高1.32米，宽0.68米。碑阳向上，中残题"□管扬芬"4个大字，下款题"男：梦周、梦先，孙：贯一立石"。碑阴向下，不详。其二，碑身断损，残长1.12米，宽0.69米。碑阳向上，额饰云蝠纹，两边饰花草纹，有碑文。保存较差。

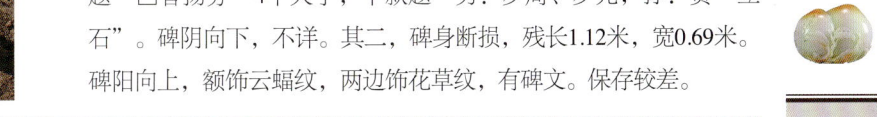

李刘村碑刻2 【清~民国】

位于下营镇李刘村东南农用桥上。共有3幢，均为青石质。其一，刘子丰暨配赵、马氏墓碑，圆首。碑身长1.8米，宽0.68米。碑阳向上，额及两边饰双龙戏珠纹，中题"处士刘公□子丰暨元、继配□□□墓"，上款题"阖学王锡官等同拜"，下款题"民国二十一年三月谷旦"。碑阴向下，不详。其二，刘文林墓碑，碑身长1.65米，宽0.54米。碑阴向上，边饰回纹，有碑文。碑阳向下，不详。其三，碑身长1.5米，宽0.66米。碑阴向上，有碑文。保存较差。

李刘村刘膺福妻朱氏节孝碑 【不详】

位于下营镇李刘村东南。青石质，圆首。碑身下段残缺，残长1.4米，宽0.7米。碑阴向上，额饰牡丹纹，周饰花草纹，有碑文。碑阳向下，不详。保存较差。

王家庙村节孝碑 【民国】

位于下营镇王家庙村东侧房基。青石质，圆首。碑身长1.85米，宽0.65米。碑阴向外，额饰五蝠捧寿纹，两边饰暗八仙纹，有碑文。碑阳向内，不详。保存较差。

王家庙村重修老母庙碑1 【清】

位于下营镇王家庙村东侧房基。青石质，圆首。碑身长1.8米，宽0.61米。碑阴向外，额饰凤凰牡丹纹，边饰缠枝莲纹。有碑文，首题"庙地志"。碑阳向内，不详。保存一般。

王家庙村重修老母庙碑2 【清】

位于下营镇王家庙村东侧房基。青石质，圆首。碑身长1.8米，宽0.63米。碑阳向外，额饰五蝠捧寿纹，周饰回纹。有碑文。碑阴向内，不详。保存一般。

王家庙村重修老母庙碑3 【清】

位于下营镇王家庙村东侧房基。青石质，圆首。碑身长1.7米，宽0.61米。碑阴向外，额饰五蝠捧寿纹，周饰回纹，中刻捐款姓氏。碑阳向内，不详。保存一般。

王家庙村重修老母庙碑4 【清】

位于下营镇王家庙村东侧房基。青石质，圆首。碑身长1.65米，宽0.6米。碑阳向外，额及两边饰双龙戏珠纹，下边饰海水纹，有碑文，尾署"邑庠生朱启甲撰，北海布衣刘梦芹书，同治十二年正月十三日谷旦"。碑阴向内，不详。保存一般。

西下营村天妃宫碑 【清】

位于下营镇西下营村中。青石质，方首。碑身长1.9米，宽0.77米，厚0.24米。碑阳额饰双龙戏珠纹，边饰回纹，中题"灵惠普济"4个大字，上款题"光绪三十年九月谷旦，领袖：知昌邑县事、翰林胡师孝，海关委员、候补县姚瓒元"，下款为董事邵凤等题名。碑阴向下，周饰回纹，有碑文，尾署"癸卯科举人唐学三沐手拜撰并书"。保存较好。

近现代重要史迹及代表性建筑

- 奎聚街道
- 都昌街道
- 龙池镇
- 柳疃镇
- 卜庄镇
- 围子街道
- 饮马镇
- 北孟镇
- 石埠经济发展区
- 下营镇

昌邑峡山灌区工程 【现代】

位于昌邑市境内。是1949年建国以来，昌邑人民在党的领导下修建的大型防洪灌溉工程。该工程前期首先对潍河大堤采取了裁弯取直与加固，修建了山东省最大的人工水库——峡山水库，至1976年，经过近30年的努力，共修建干、支渠491条，斗、农渠6779条，毛渠23300条，总长14938千米，利用峡山水库与平原滩涂落差，实现自流灌溉。同时，进行山、水、林、田、村统一规划，综合治理，实现排灌系统化，土地田园化，道路正规化，沟渠绿林化四条标准。昌邑峡山灌区工程渠渠相接，遍布昌邑各处，不但解决了潍河十年九溃的局面，并发展成为集防洪、灌溉、发电、水产养殖、人畜吃水等为一体的大型综合水利工程，成为当时全国农业水利建设的典范。保存较好。

昌北灌区小营口进水闸

昌北灌区金口进水闸

昌南灌区东惺渡槽

昌北灌区金口拦河闸

奎聚街道

关龙村碉堡1号 【民国】

位于奎聚街道关龙村西20米文山东坡上。钢混结构。呈方形，长6米，宽3米，入口东北向。为阻止日本侵略军由山东半岛登陆西侵，1937年，韩复榘的第三路军三十九师八十五旅进驻昌邑，在烟潍公路潍河桥两侧修筑碉堡，构筑"潍河防线"。这一时期的碉堡现存4座，此为其中之一。保存较好。

关龙村碉堡2号 【现代】

位于奎聚街道关龙村西30米文山东坡。钢混结构。呈长方形，东西长10米，南北宽6米。入口西向，东侧有射击孔。建成于1965年，是新中国为加强地方防御体系建设构建的"潍河军事防御体系"的组成部分。保存完好。

关龙村碉堡3号 【现代】

位于奎聚街道关龙村西约150米文山东坡。钢混结构。呈"凸"字形，南北长20米，东西宽5米，入口西向，东侧有射击孔2处。建成于1965年，是新中国"潍河军事防御体系"的组成部分。保存完好。

关龙村碉堡4号 【现代】

位于昌邑市奎聚街道关龙村西200米文山顶部。钢混结构。呈方锥形，南北长5米，东西宽3米。建成于1965年，是新中国"潍河军事防御体系"的组成部分。保存完好。

上台村碉堡1号　【现代】

位于奎聚街道上台村南潍水蓝湾小区内。钢混结构。呈"凸"字形，东侧宽5米，西侧宽7米，长10米。入口西向，东侧有射击孔。内部东侧有一水池，东西长2米，南北宽1.5米。建成于1965年，是新中国"潍河军事防御体系"的组成部分。保存完好。

上台村碉堡2号　【现代】

位于奎聚街道上台村南潍水蓝湾小区内。钢混结构。呈"凸"字形，东侧宽5米，西侧宽7米，长10米。入口西向，东侧有射击孔。建成于1965年，是新中国"潍河军事防御体系"的组成部分。保存完好。

上台村碉堡3号　【现代】

位于奎聚街道上台村南潍水蓝湾小区内。钢混结构。呈不规则形，主体南北长20米，北侧通道长4米，宽6米，窄处宽4米。南北各有一门，无射击孔，应为一处后勤供给堡。建成于1965年，是新中国"潍河军事防御体系"的组成部分。保存完好。

上台村碉堡4号　【现代】

位于奎聚街道上台村南150米潍河大堤西侧。钢混结构。大部被路基掩埋。建成于1965年，是新中国"潍河军事防御体系"的组成部分。保存完好。

上台村碉堡5号　【现代】

位于奎聚街道上台村南200米潍河大堤西侧。钢混结构。呈不规则形，南北长18米，东西宽7米。西北角有一长3米的狭长入口。建成于1965年，是新中国"潍河军事防御体系"的组成部分。保存完好。

王葛山下村碉堡1号　【现代】

位于奎聚街道王葛山下村西50米文山东坡。钢混结构。呈"凸"字形，东西长10米，南北宽5米，南、北两侧有防弹墙。入口西向，东侧有射击孔。建成于1965年，是新中国"潍河军事防御体系"的组成部分。保存完好。

王葛山下村碉堡2号　【现代】

位于奎聚街道王葛山下村西北100米文山东坡。钢混结构。呈"凸"字形，东西长8米，南北宽8米。入口西向，东侧有射击孔。建成于1965年，是新中国"潍河军事防御体系"的组成部分。保存完好。

王葛山下村碉堡3号　【现代】

位于奎聚街道王葛山下村西北150米文山东坡。钢混结构。入口西向，东侧有射击孔。呈"凸"字形，东西长8米，宽4米；西侧长6米，宽4米。建成于1965年，是新中国"潍河军事防御体系"的组成部分。保存完好。

王葛山下村碉堡4号　【现代】

位于奎聚街道王葛山下村西北约200米文山东坡。钢混结构。入口西向，东侧有射击孔。呈"凸"字形，东西长8米，宽4米；西侧长6米，宽4米。建成于1965年，是新中国"潍河军事防御体系"的组成部分。保存完好。

于家山下村碉堡　【民国】

位于奎聚街道于家山下村南原206国道北侧。钢混结构。呈"凸"字形，南北长6米，东西宽4米。入口西向，东侧有射击孔2处。建成于1937年，是当时"潍河防线"的组成部分。保存较好。

中台村防空洞　【民国】

位于奎聚街道中台社区北300米文山上。钢混结构。长约40米，宽1.8米。建成于1965年，是新中国"潍河军事防御体系"的组成部分。保存完好。

南庄头村碉堡　【民国】

位于奎聚街道南庄头村东50米潍河大堤东侧。钢混结构。呈"凸"字形，南北长6米，东西宽4米，高约4米。入口西向，东侧有射击孔2处。建成于1937年，是当时"潍河防线"的组成部分。保存较好。

昌邑县政府大门 【现代】

位于奎聚街道昌邑宾馆南侧。砖混结构。南向。宽10.36米，厚0.7米。顶部有五角星及旗杆，两侧有八字墙。保存一般。

中庄头村扬水站 【现代】

位于奎聚街道中庄头村东200米潍河西岸。砖混结构。由国家拨款12万元，建成于1981年。装机容量为2台270马力柴油机，流量达到1.5立方米/秒，灌溉面积1.35万亩。现存扬水站办公楼1座、机房1座、围堰1处，占地约1600平方米。保存较好。

董家城后村民居 【民国】

位于奎聚街道董家城后村内。砖木结构。现有北屋5间，南屋5间，东屋带大门4间。北屋东西长17米，南北宽5米，东西山墙均有山窗。保存较好。

石湾店南村民居 【民国】

位于奎聚街道石湾店南村内。砖木结构。现存北屋5间，东西长12.5米，南北宽4.8米。建于1927年。保存较好。

文山烈士陵园 【现代】

位于奎聚街道于家山下村北文山顶部。砖混结构。1954年6月昌邑县人民政府将全县境内分散埋葬的革命烈士356名，迁葬文山西坡，建"昌邑县文山烈士陵园"，占地40余亩。1963年在陵园内建成烈士祠，面积253.3平方米，外有接待室3间，管理人员住房3间。1969年地震，祠堂中间断裂。1979年增征土地17.25亩重建。1980年冬竣工，建筑面积481.46平方米。堂前镌刻着高启云题写的"革命烈士纪念堂"7个大字，堂内正面墙上刻着2237名烈士的英名，左右两边有仇志海制作的大型雕塑——"潍河儿女"。保存较好。已公布为昌邑市文物保护单位。

潍河桥 【现代】

位于奎聚街道于家山下村东潍河河面上。钢混结构。全长297.7米，宽7米，有桥洞35个。建成于1963年。保存一般。

虫埠村烈士碑 【民国】

位于奎聚街道虫埠村东北50米。青石质,方首,东南向。碑身高2.09米,宽0.87米,厚0.32米;碑座长1.53米,宽0.87米,高0.34米。碑阳周饰回纹,中题"气壮山河"4个大字,上款题"纪念革命烈士",下款题"中华民国三十五年新历七月七日,西海:□□□、马渠区、□□□、逄翟区、后勤处二分所"。碑阴周饰回纹,横书"烈士碑"3个大字,下列42位烈士英名。保存较好。

辛置二村魏升亭墓 【民国】

位于奎聚街道辛置二村南1.5千米公墓内。青石制,圆首,东北向。碑身高1.77米,宽0.67米,厚0.2米。碑阳额饰双龙戏珠纹,边饰回纹,中题"清授奉政大夫、议叙五品衔、乡饮大宾升亭魏公暨配王宜人之墓",上款题"民国十二年冬月谷旦",下款题"阖学王鸿恩等鞠躬"。碑阴额饰五蝠捧寿纹,边饰回纹,有碑文,尾署"明经进士、候选训导邑人王道东拜撰,安徽补用主簿、邑庠生甥徐永柯敬书"。保存较好。

辛置二村魏复元墓 【民国】

位于奎聚街道辛置二村南1.5千米公墓内。青石制,圆首,东北向。碑身高1.65米,宽0.62米,厚0.18米。碑阳额饰双龙戏珠纹,边饰回纹,中题"中华处士复元魏公暨配官孺人墓",右侧为魏复元小传,尾署"徐士吉撰并书",下款为立石子孙题名。碑阴无字。保存较好。

都昌街道

东大营村碉堡 【民国】

位于都昌街道东大营村东潍河大堤西侧。钢混结构。呈长方形，南北长6米，东西宽4米，高约4米。北侧有入口露出，其余被大堤掩埋。建成于1937年，是当时"潍河防线"的组成部分。保存较好。

后伍塔村碉堡 【现代】

位于都昌街道后伍塔村东小营口进水闸北侧潍河大堤上。钢混结构。呈"凸"字形，南北长5.5米，东西宽约5.5米，高约4米。入口西向，东侧有射击孔2处。建成于1965年，是新中国"潍河军事防御体系"的组成部分。保存较好。

西马埠村民居 【民国】

位于都昌街道西马埠村内。砖木结构。现存北屋10间，东西长25.4米，南北宽4.6米。房基由0.5米厚的青石板砌筑，以防返碱。墙体青砖到顶，白泥嵌缝，砖砌防火檐，西山墙等处有砖雕。保存较好。

后伍塔村小营口雁翅坝 【现代】

位于都昌街道后伍塔村东潍河大堤内侧。三合土夯筑。建成于20世纪60年代。北侧长37.1米,南侧长21米,坝顶东端宽1.7米。坝体上覆清代及民国时期碑刻多块,均为青石质。显露的有:辛亥烈士王凤庭墓碑,方首。碑身长1.67米,宽0.65米,厚0.22米。碑阳向上,周饰回纹,中题"义士王君凤庭之墓",上款题"中华民国二年四月二十五号",下款题"同志敬立"。皇经会碑,额残。碑身长1.3米,宽0.67米,厚0.2米。碑阳向上,边饰回纹,有碑文,首题"皇经会"。关帝庙灯油会记碑,额残。碑身长1.45米,宽0.67米,厚0.2米。碑阳向上,额及两边饰双龙戏珠纹,有碑文,首题"关帝庙灯油会记",尾署"光绪二年正月谷旦"。尚有辛亥烈士王兆堃墓碑,已跌落水中。保存一般。

岇埠村徐长庚故居 【民国】

位于都昌街道岇埠村内。砖木结构。是清末民国时期"昌邑茧绸"南洋商路的开拓者之一徐长庚故居。北院现存正厅5间，东西长14米，南北宽6米；西厢房2间，南北长5.9米，东西宽4米；垂花门1间，南北长2.2米，东西宽2米。南院现存正厅5间，东西长14米，南北宽4.8米。另有车门1间，东西长3.6米，南北宽6米。北院正厅为硬山顶，房檐4角均饰以精美的砖雕，画檐出厦，带阁楼，有明柱4根。垂花门东向，两侧饰以倒垂莲花木雕，对开门扇上雕"水能性淡为吾友，竹解心虚是我师"对联1副。南院正厅带阁楼，硬山，房檐4角饰有精美砖雕，房门上方出厦。保存一般。已公布为昌邑市文物保护单位。

龙池镇

马渠村魏惜珍故居 【民国】

位于龙池镇马渠村赁铺胡同。砖木结构。现存北屋7间,长19米,宽4.8米。保存较好。

魏惜珍,原名魏振贵,马渠村人。曾任中共昌邑龙池区委书记、昌北县委宣传部长、昌北县委书记、潍坊市委书记等职。

马渠村八路军七支队联络处旧址 【民国】

位于龙池镇马渠村赁铺胡同。砖木结构。现存北屋5间,东西长8.85米,宽4.8米;南屋5间,东西长8.85米,南北宽4.4米。保存较差。

马渠村魏坚毅故居 【民国】

位于龙池镇马渠村赁铺胡同。砖木结构。现存北屋5间,东西长13.2米,南北宽4.2米;南屋5间,东西长13.2米,南北宽4米;大门宽2米。保存较好。

魏坚毅(1923~1992),原名魏增健,马渠村人。曾任中共昌南县委书记、潍坊市委书记、济南市委书记、山东省顾问委员会秘书长等职。

北白塔村民居1号

北白塔村民居 【清~民国】

位于龙池镇北白塔村内。共有8处，均为砖木结构。代表性的有：1号民居，现存北屋5间，东西长14.2米，南北宽4.8米；东厢房5间，长12.5米，宽3.7米；车门1间，长3.8米，宽3.7米；大门1座，宽1.27米。2号民居，现存北屋5间，东西长13.8米，南北宽5.3米。屋顶正脊与边脊工艺繁复，亭阁造型的烟囱尤具特色。3号民居，现存北屋4间，东西长11米，南北宽4.8米。正面梁头自右至左雕刻有"寿、禧、福、禄"4字，檐下饰有砖雕。保存较好。

北白塔村民居2号

北白塔村民居3号

昌邑县抗日殉国烈士祠 【民国】

位于龙池镇北白塔村内。砖木结构。1945年2月奠基,同年7月竣工,占地15.8亩。有正厅5间、东西厢房各5间、大门1间附带戏楼。均为硬山顶,覆水泥瓦。整个建筑屋檐4角及门楣皆饰以精美砖雕。正厅画檐出厦,有明柱6根。正厅内有木质雕花大神龛3座,内供烈士灵牌513个,北墙悬挂卢志英、王锐、陈龙飞3位烈士遗像及多幅绸布挽幛。院内碑亭内有1946年4月中共昌北县委、县政府、建国会、独立营共同树立的"昌邑县抗日殉国烈士纪念碑"1幢,青石质,方首,南向。碑阳周饰回纹,中题"浩气参天"4个大字,马骏书。碑阴是寿光、昌邑、潍县3县在抗日战争中牺牲的中共烈士319人英名。整个祠堂布局严谨,建筑精良,其砖雕堪称一绝,是民国时期祠庙建筑的代表,也是我省现存为数不多的建国前建成的中共抗日烈士专祠。保存完好。

东白塔村陈干故居 【民国】

位于龙池镇东白塔村内。砖木结构。为中国同盟会会员、旧民主主义革命家、陆军中将陈干故居。原为多进院落组成的建筑群。现存北屋带大门6间，东西长18米，南北宽5米。保存较好。

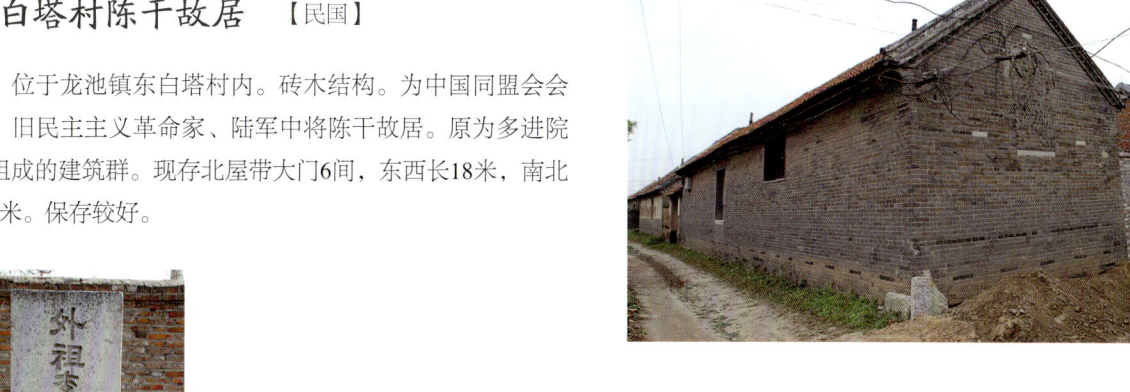

东白塔村陈干墓 【现代】

位于龙池镇东白塔村东500米。墓园东西宽13米，南北长48米，占地624平方米。甬道长35米，两边栽植杨树及松柏。墓冢用方石垒砌。1927年7月，陈干被李宗仁杀害，后归葬故里。20世纪60年代墓葬毁坏，1986年由国家拨专款重建。同年，陈干夫人山西省文史馆馆员、太原市政协常委杨紫霞去世，合葬墓中。保存完好。墓园中有陈干撰"白塔桥记"碑及陈干外祖父李富贵墓碑，均为近年新址重立。已公布为昌邑市文物保护单位。

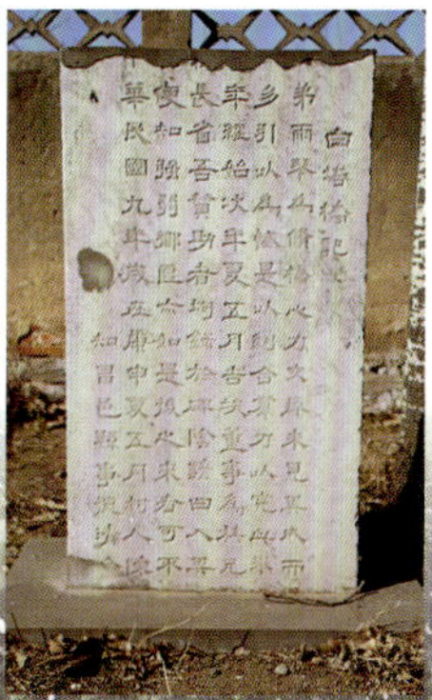

东白塔村陈希孟故居 【民国】

位于龙池东白塔村内。砖木结构。是同盟会员陈希孟故宅。现存北屋7间，东西长18米，南北宽5米；南屋带大门7间，东西长18米，南北宽4.8米。保存较好。

东白塔村万里桥 【民国】

位于龙池镇东白塔村东北侧新开河河面上。1923年陈干回到故乡，看到家乡老百姓吃水困难，非常痛心，遂开渠引淀河、虞河水，取名"新开河"。同时，又在河上建桥，取名"万里桥"，请康有为题写桥名，并刊石（已残，存昌邑市博物馆）。桥长5米，宽3.6米。桥面由长条青石铺成，3孔，下有4座桥墩支撑。保存较好。

东白塔村"阜盛茂"故宅4号

东白塔村"阜盛茂"故宅7号

东白塔村"阜盛茂"故宅8号

东白塔村"阜盛茂"故宅 【民国】

位于龙池东白塔村内。共有8处，均为砖木结构，是清末民国时期"昌邑茧绸"老字号"阜盛茂"旧宅。代表性的有：1号院，现存北屋5间，东西长13.2米，南北宽4.6；南屋东西长13.2米，南北宽4.6米。4号院，现存北屋5间，东西长13.2米，南北宽4.6米；南屋东西长13.2米，南北宽4.6米。7号院，现存北屋7间，东西长16米，南北宽4.8米。8号院，现存北屋7间，东西长17.6米，南北宽4.8米。保存较好。

齐西村民居 【清~民国】

位于龙池镇齐西村。共有52处（齐西村44处，附龙东村8处），均为砖木结构。这批民居，大部分为齐氏家族商业老字号的老宅，也有部分齐氏名人故居，以及庙宇、家祠等，分布较为集中，彼此互为邻居，较好地保留了古村落原貌。保存较好。

齐西村民居1号

齐西村民居4号

齐西村民居12号

齐西（龙东）村民居45号

齐西村民居24号

齐西村民居30号

齐西村民居35号

齐西村民居51号（齐氏家庙）

齐西村民居52号（菩萨庙）

瓦北村民居2号

瓦北村民居 【民国】

位于龙池镇瓦北村。共有6处，均为砖木结构。代表性的有：1号民居，现存北屋8间，东西长20.4米，南北宽4.6米；南屋2间，东西长5.4米，南北宽3.5米；东厢房2间，南北长5.8米，东西宽3.8米；大门1座，长3.2米，宽3.8米。2号民居，现存北屋8间，东西长20.4米，南北宽4.6米。保存较好。

瓦北村民居1号

岱邱村张明照故居 【民国】

位于龙池镇岱邱村中。砖木结构。是知名"昌邑茧绸"商人张明照故居。现存北屋附带大门6间，东西长15.65米，南北宽4.8米；西屋3间，南北长8.9米，东西宽4米。保存较好。

岱邱村民居 【民国】

位于龙池镇岱邱村中。砖木结构。现存北屋5间，东西长15.65米，南北宽4.7米；东屋附带大门2间，南北长6.35米。保存较好。

柳疃镇

高隆盛村民居 【民国】

位于柳疃镇高隆盛村。砖木结构。现存北屋5间，东西长14.6米，南北宽4.64米；车门1间，东西长4米，南北宽4.8米。保存较好。

南范家庄村范氏家庙 【民国】

位于柳疃镇南范家庄村西侧。砖木结构。建于民国二十八年（1939），现存正厅5间，东西长14.05米，南北宽5米。屋内北墙东侧嵌有民国二十八年（1939）重修祠堂碑记与捐款题名碑刻。2008年修缮，屋顶换为现代红瓦。保存较好。

史家庄村史家大屋 【民国】

位于柳疃镇史家庄村内。砖木结构。建于1932年。现存正厅5间，东西长20米，南北宽7.6米；东、西厢房各5间，南北长14.5米，东西宽4.6米；大门1座，东西宽2.4米。正厅为硬山顶，屋顶原覆水泥瓦，现更换为红瓦。房屋原主人史姓，民国时期曾任宽城子县长。该民居因比周围其他民居高大，被村人呼为"大屋"，外村人则直呼为"史家庄大屋"。保存较好。

南西高村高传惠墓 【民国】

位于柳疃镇南西高村西北公墓内。封土底径2米,高1.5米。墓碑青石质,圆首,西北向。碑身高1.73米,宽0.66米,厚0.18米。碑阳额饰双龙戏珠纹,边饰回纹。中题"清乡饮介宾、授修职郎高公讳传惠字泽臣德配王孺人之墓",上款题"中华民国十六年十月谷旦",下款题"男:春堂、仓堂暨孙:怀信、奇、钧、维、松,曾孙:同庆立石"。碑阴额饰蝙蝠纹,上横刻篆书"永垂不朽"4字,下有碑文,首题"清授修职郎高公墓表",尾署"内务总长兼市政督办、一等大绶宝光嘉禾章愚侄沈瑞麟顿首拜撰,山东教育厅长、一等宝光嘉禾章、翰林院修□□□侄王寿彭篆额,□国实业银行行长、北京银行公会董事、商学士愚侄龚定谋顿首拜□"。近年新迁。保存较好。

前青村烈士碑 【民国】

位于柳疃镇前青村东500米。青石质,圆首,南向。碑身高1.78米、宽0.67米、厚0.19米。碑阳周饰回纹,中题"英名千古"4个大字,上款题"昌邑县青乡区抗战殉国烈士纪念碑",下款题"青乡区全体民众鞠躬,民国三十五年四月五日"。碑阴为抗战殉国烈士英名。保存完好。

西营村孙万春墓 【民国】

位于柳疃镇西营村西北公墓内。封土底径2米,高1.5米。有墓碑,青石质,圆首,东南向。碑身高1.63米、宽0.67米、厚0.19米。碑阳额饰双龙戏珠纹,边饰回纹。中题"清例贡生孙公讳万春字芳庭暨配王、曹、李孺人之墓",上款题"民国十一年十月谷旦",下款为立石子孙题名。碑阴有碑文,尾署"清乡饮大宾、邑庠生员范士桂撰,清乡饮大宾、儒学生员杨高林书"。保存较好。

东傅村傅仲达墓 【民国】

位于柳疃镇东傅村北20米。封土底径2米,高1.5米。墓碑仰卧在墓北侧,青石质,方首。碑身长1.53米,宽0.67米。碑阳向上,有碑文,题为"仲达傅公继配董孺人墓志",尾署"中华民国三年阴历十□月谷旦,邑庠生族愚孙麟顿首拜撰,廪贡生王希洛顿首拜书"。保存较好。

卜庄镇

东峰台村民居 【民国】

位于卜庄镇东峰台村北侧。共有2处，均为砖木结构。1号民居，现存北屋5间，东西长15.5米，南北宽5.22米；东、西厢房各3间，南北长8.15米，东西宽4米。2号民居，现存北屋5间，东西长15.5米，南北宽4.96米。保存较好。

东峰台村民居1号

东峰台村民居2号

东任家村石桥 【现代】

位于卜庄镇东任家村东湾塘上。建于20世纪五六十年代，单孔。东西长4米，南北宽3.5米。桥拱利用大量碑刻改凿而成，桥边用牌坊梁柱修砌。保存较差。

广刘村雁翅坝　【现代】

位于卜庄镇广刘村潍河东堤西侧。共有2处,砖石结构,均兴建于20世纪50年代。1号坝,西北—东南向。东北边长22.9米,西南边长11.5米,南边长11.4米,高8米,底宽约8.3米。西南侧、南侧下部迎水面利用清～民国时期碑刻砌制,共有11层,约200余块。坝体中部砖砌,上部石砌。保存完好。2号坝,花石砌制,西北—东南向。前为半圆形,直径12米,底部总长28.5米,顶部总长20米,宽3.1米,高3米。保存完好。

广刘村雁翅坝1号

广刘村雁翅坝2号

广刘村扬水站 【现代】

位于广刘村西南500米潍河东岸。砖混结构。1981年由国家投资11万元修建而成,分地上和地下两部分。地上建筑南北长26米,东西宽18.3米,高约10米。地下为泵房,深约8米。装机容量2台270马力柴油机,流量1.2平方米/秒,灌溉面积1.08万亩。保存一般。

东冢区抗战殉国烈士墓园 【现代】

位于卜庄镇马疃村东北侧。抗日战争期间,中共昌邑县委和后方医院设在马疃村附近的大院村和姜泊村,战争中牺牲的或重伤去世的烈士均葬于此,多未留下姓名。墓园南北长100米,东西宽20米,有烈士墓100余座,封土直径约2米,高约1米。墓群前有纪念碑1幢,青石质,圆首,南向。碑身高1.9米,宽0.69米,厚0.21米;碑座长1.1米,宽0.6米,高0.35米。碑阳额及两边饰双龙戏珠纹,中题"气壮山河"4个大字,上款题"昌邑县东冢区抗战殉国烈士纪念碑",下款题"中华民国三十五年四月四日东冢区全体民众仝鞠躬"。碑阴为抗日烈士英名。保存较好。

大马疃村民居门楼 【民国】

位于卜庄镇大马疃村西侧。砖木结构。南北长2.75米，东西宽2.25米。门楼南侧檐下一小横匾，书"大富寿考"，内有仪门，上方有一匾额，书"教以坤成"，尾署"昌邑县知事宋曙"。保存一般。

后张戈庄村民居1号

后张戈庄村民居 【清～民国】

位于卜庄镇后张戈庄村中。共有3处，均为砖木结构。1号民居，现存北屋5间，东西长13米，南北宽4.95米。2号民居，现存北屋9间，东西长24.78米，南北宽4.75米。3号民居，现存北屋5间，东西长15.4米，南北宽4.75米；西厢房带大门4间，南北长11.75米。保存较好。

后张戈庄村民居3号

后张戈庄村民居2号

姜泊村民居1号("功泰"号老宅)

姜泊村民居 【清~民国】

位于卜庄镇姜泊村内。共有49处,均为砖木结构,主要为清末民国时期姜氏"五大功"民族工商业家族老宅。代表性的有:1号民居,原为"功泰"号老宅,现为村委驻地。该民居为2层碉楼式四合院,共有房屋36间。北楼上下各5间,东西长12.55米,南北宽5米;南楼上下各5间,东西长12.55米,南北宽4.8米;东楼上下各4间,南北长9.6米,东西宽4米;西楼同东楼。整个建筑以青石板砌为房基,墙面青砖到顶。北楼上层有阳台,硬山,屋顶覆以水泥质灰瓦。南楼、东楼、西楼皆为平顶,周砌垛口。门窗外均包厚铁皮,具有防盗、防火功能。该楼房由"五大功"代表人物之一姜其璔建成于1930年,用砖十万块,耗资一万余枚银元。3号民居,现存正厅4间,东西长12.2米,南北宽6.5米,原为"功泰"分号老宅。10号民居,原为"功增"分号老宅。现存正厅5间,东西长14.2米,南北宽5.2米。17号民居,原为"功裕"钱庄老宅。现存2层正厅5间,东西长14.2米,南北宽5.2米。保存较好。已公布为潍坊市文物保护单位。

姜泊村民居2号（"功泰"分号老宅）

姜泊村民居17号（"功裕"号老宅）

姜泊村民居18号（"功裕"分号老宅）

姜泊村民居22号（姜氏二支家庙）

姜泊村民居10号（"功增"分号老宅）

李家抚宁村李润芬故居2号

李家抚宁村李润芬故居1号

李家抚宁村李润芬故居3号

李家抚宁村李润芬故居 【民国】

位于卜庄镇李家抚宁村中。共有3处，均为砖木结构。是著名民族资本家李润芬故居，约建于1926~1929年。1号院落，现存北屋5间，东西长13.8米，南北宽4.76米；南屋4间，东西长10.45米，南北宽4.28米；大门1座。2号院落，现存北屋5间，东西长14.6米，南北宽5.02米。3号院落，现存北屋3间，东西长7.65米，南北宽4.52米；大门1座保存较好。

李家抚宁村李润芬故居2号

前张戈庄村民居1号

前张戈庄村民居2号

前张戈庄村民居 【清~民国】

位于卜庄镇前张戈庄村中。共有3处，均为砖木结构。1号民居，现存北屋5间，东西长14.85米，南北宽6米。两侧有阁楼，东山墙开有山窗。2号民居，现存北屋10间，东西长26米，南北宽5米。东山墙开有山窗。3号民居，现存北屋5间，东西长11.8米，南北宽5米。前出厦，东山墙开有山窗。保存较好。

前张戈庄村民居3号

湾崖村民居1号

湾崖村民居2号

湾崖村民居 【民国】

位于卜庄镇湾崖村中。共有2处，均为砖木结构。1号民居，现存北屋5间，东西长15.4米，南北宽5.1米，东山墙开窗出檐，山角处饰砖雕；西偏房带大门3间。2号民居，现存北屋5间，东西长15.4米，南北宽5.1米；东厢房2间，南北长7.5米，南山墙外侧有砖雕影壁。保存较好。

吕家村扬水站 【现代】

位于卜庄镇吕家村东潍河大堤两侧。砖石结构。东西长40米，南北宽15米。建成于20世纪60年代，曾经作为山东省农业学大寨的典型工程备受瞩目。保存较好。

夏店村民居23号（王氏家庙）

夏店村民居　【清～民国】

位于卜庄镇夏店村。共有19处，均为砖木结构。包括部分民族工商业老字号老宅、名人故居、家庙等。代表性的有：1号耿纯玉故居，现存北屋5间，东西长13.52米，南北宽5.08米。耿纯玉，清嘉庆丁卯科举人，先后任罗田、宜城、潜江知县，精医学。6号王殿邦故居，现存北屋3间，东西长8.6米，南北宽5.66米。王殿邦，清咸丰丙午科岁贡生。9号民居，现存北屋11间，东西长28.3米，南北宽4.6米。13号王绍络故居，现存北屋4间，东西长10.8米，南北宽4.9米。王绍络（1909～1990），著名文艺工作者，建国后曾任山东省外事委员会副主任兼青岛外事处处长、青岛市政府副秘书长等职。21号王滨家族旧居，现存北屋5间，东西长13.2米，南北宽5米。22号王滨故居，现存北屋5间，东西长13.2米，南北宽5.1米。王滨（1912～1960），新中国第一代电影导演，著名电影艺术家。先后执导《桥》、《白毛女》、《画中人》等。曾任中华全国电影艺术工作者协会全国委员会委员、全国电影联谊会理事。23号王氏家庙，现存正厅5间，东西长16米，南北宽5.8米。前出厦，明柱6根。保存较好。

夏店村民居1号（耿纯玉故居）

夏店村民居10号（王殿邦故居）

夏店村民居2号

夏店村民居13号（王绍络故居）

夏店村民居21号（王滨家族旧居）

夏店村民居22号（王滨故居）

北王家庄村民居 【民国】

位于卜庄镇北王家庄村中。砖木结构。现存北屋5间，东西长16.1米，南北宽5.2米。保存较好。

前卜村徐洪亭故居 【民国】

位于卜庄镇前卜村中。砖木结构。现存北屋6间，东西长19.8米，南北宽5米；车门1间，东西长3.5米，南北宽5米。保存较好。

徐洪亭，字范九。曾任印尼山东商会主席，著名爱国侨领。1951、1957、1959、1979年先后4次被邀请回国参加国庆典礼，受到周恩来、陈毅、何香凝、廖承志等党和国家领导人的亲切接见。

小阎家村入水闸 【现代】

位于卜庄镇小阎家村东南500米胶莱河大堤上。砖石结构。建于20世纪60年代。东西长15米，南北宽12.2米，涵洞3孔。保存完好。

集东村张智忠故居　【民国】

位于卜庄镇集东村内。砖木结构。现存正厅5间，东西长13.5米，南北宽4.8米。东、西山墙均开山窗。保存较好。

张智忠（1909～1943），曾任中共昌邑县委第一任书记。1938年与李福泽等人在龙池瓦城组织领导武装起义，成立了"八路军鲁东游击队第七支队"，开创了昌邑革命的新局面。1943年11月遇害。

义气村张书绅墓　【民国】

位于卜庄镇义气村东南公墓内。封土底径长约2米，高约1.5米。墓碑青石质，方首，西北向。碑身高1.65米，宽0.7米，厚0.2米。碑阳额饰四君子纹及民国旗帜，边饰回纹，中题"张先生讳书绅字子佩暨元配于氏、继配孙氏、继配孙氏之墓"，上款题"中华民国十九年四月二十九日立"。碑阴有碑文，首题"亡友张子佩先生墓志铭，日照王献堂拜撰"，尾署"中华民国十九年四月，日照丁献白书丹"。近年新迁，保存较好。

张书绅，义气村人。宣统乙卯科拔贡，早期同盟会员。曾任《山东日报》主笔、山东教养局局长等职。擅诗文，辑有《十八家诗选》。

围子街道

围子村合盛号老宅 【民国】

位于围子街道围子村。砖木结构。是"昌邑茧绸"著名商号"合盛"号老宅。现存正厅5间,东西长13.3米,南北宽5.7米。前墙为砖坐窗,其余3面青砖墙体;硬山顶,上覆青瓦;东西山墙开有山窗,窗檐饰精美砖雕。保存较好。

西辛村渡槽 【现代】

位于围子街道西辛村西潍河河道上。砖石结构。桥长31米,宽7.7米;渡槽长557.2米,宽2.14米。保存一般。

崔家村民居1号

崔家村民居2号

崔家村民居3号

崔家村民居4号

崔家村民居5号

崔家村民居6号

崔家村民居 【民国】

位于围子街道崔家村中。共有6处，均为砖木结构。1号民居，现存北屋4间，东西长10.6米，南北宽4.9米。2号民居，现存北屋4间、车门1间、内门1座。北屋东西长12.75米，南北宽4.9米；车门宽3.8米。3号民居，现存北屋带大门7间，东西长16.9米，南北宽4.9米。4号民居，现存北屋5间、门楼1座。北屋东西长12米，南北宽5.3米。5号民居，现存北屋5间，东西长11.6米，南北宽4.8米。6号民居，现存北屋5间，东西长12.5米，南北宽4.26米。保存一般。

董家隅庄村民居 【民国】

位于围子街道董家隅庄村中。砖木结构。现存正厅3间,东西长11.3米,南北宽5.1米;车门1间,东西长2.6米,南北宽5.1米;西厢3间,南北长8.1米,东西宽4米;南屋3间,东西长8.7米,南北宽4.5米。车门北向,门口为青石板台阶,车门南有青砖照壁。保存较好。

董家村石桥 【现代】

位于围子街道董家村西。桥面由12块条石铺就,南北长6.3米,东西宽2米。跨董家村与王家村间水沟之上,近年大部淤填。保存一般。

赵家村礼堂 【现代】

位于围子街道赵家村村委院内。砖木结构。建于20世纪60年代。南北长26米,东西宽7.5米。大门北向,4柱出头,左右塑和平鸽,中饰五星,匾塑"东方红"3大字。保存完好。

二甲村碉堡1号　【现代】

位于围子街道二甲村南400米。钢混结构。呈"凸"字形，东西长9.6米；东侧宽5米，西侧宽8.4米。入口西向，东侧有枪眼。建成于1965年，是新中国"潍河军事防御体系"的组成部分。保存完好。

二甲村碉堡2号　【现代】

位于围子街道二甲村西南潍河特大桥东桥头北侧。钢混结构。呈长方形，长8米，宽4米。入口东南向，东北侧有枪眼。建成于1965年。是新中国"潍河军事防御体系"的组成部分。保存完好。

二甲村碉堡3号　【现代】

位于围子街道二甲村西南潍河大堤东侧。钢混结构。呈"凸"字形，南北长7米，东西宽5.5米。东西两侧各有一入口。建成于1965年，是新中国"潍河军事防御体系"的组成部分。保存完好。

葛家村漩河分水闸 【现代】

位于围子街道葛家村西500米漩河河道上。砖石结构。闸长11米，宽6米，渡槽长12.4米，宽2.1米。保存较好。

西小章村马继禹墓 【民国】

位于围子街道西小章村西南300米。封土直径3米，高1.5米。墓碑青石质，方首，西北向。碑身高1.6米，宽0.66米，厚0.19米。碑阳周饰回纹，中题"硕德缵臣马公讳继禹暨配潘氏之墓"，上款题"民国二十一年十一月谷旦，乡社仝立"，下款为立碑子孙题名。碑阴周饰回纹，有碑文，尾署"廪贡生世谊夏焕文拜撰，邑廪生姻晚董正官书丹"。保存较好。

密埠店村四维中学旧址 【民国】

位于围子街道密埠店村东。砖木结构。由国民党"四纵队"建成于1942年。现存校舍24间，南12间东西长31.3米，南北宽5.3米；北12间东西长34.2米，南北宽7.1米。院内有"四维中学落成纪念碑"，白石质，方首。碑身长1.06米，宽0.47米。碑阴向上，无字。碑阳向下，有碑文，尾署"校长李资廉撰，教导主任佟秀庭书，中华民国三十一年十一月立"。保存较好。

北陶埠村民居 【民国】

位于围子街道北陶埠村中。砖木结构。现存正厅5间,东西长13.3米,南北宽5.5米。前出厦,左右带阁楼。保存较好。

前陶埠村民居1号 【民国】

位于围子街道前陶埠村北侧。砖木结构。建于20世纪30年代。现存正厅5间,东西长14.3米,南北宽4.8米。保存较好。

前陶埠村民居2号 【民国】

位于围子街道前陶埠村南侧。砖木结构。现存正厅5间,东西长14.3米,南北宽4.85米。保存较好。

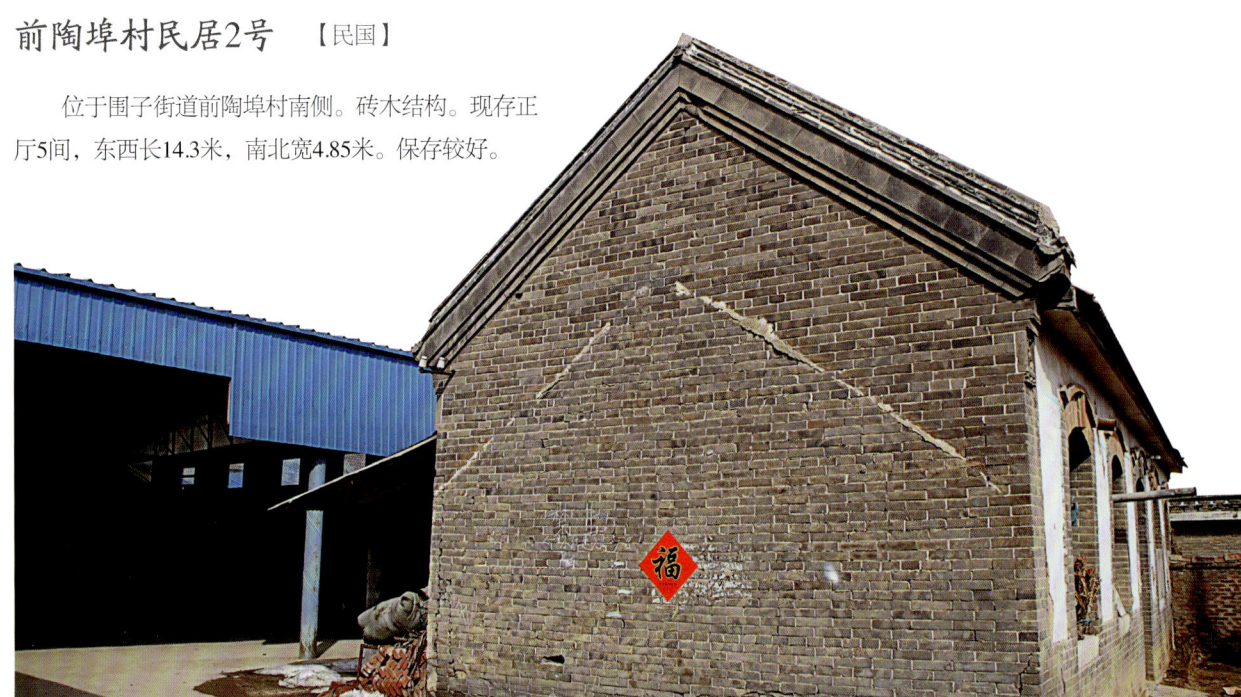

三大章村委旧址 【现代】

位于围子街道三大章村内。砖木结构。北侧有会议室9间，大队部2层楼3间，东西总长35米，南北宽14米，墙基砌有碑刻十余幢。会议室大门东向，门楣水泥塑有稻谷五星图案，左右有语录牌。大队部大门北向，门楣上有"三大章大队"5个水泥塑大字。建成于1975年12月。南侧有副业屋10间，建成于1969年9月。保存一般。

宋庄村大队部旧址 【现代】

位于围子街道宋庄村村委北20米。砖木结构。现存北屋8间，南屋8间。北屋东西长20米，南北宽5米；南屋东西长20米，南北6.8米。房檐、门窗修砌较有特色。保存一般。

唐家村氨水池 【现代】

位于围子街道唐家村西200米田野中。砖混结构。圆形,直径2.8米,建成于20世纪70年代。保存完好。

西丁村碉堡 【现代】

位于围子街道西丁村北。钢混结构。呈"凸"字形,东西长9.8米,西侧宽8.2米,东部宽4.9米。东西两侧各有一入口。建成于1965年,是新中国"潍河军事防御体系"的组成部分。保存完好。

东黄埠村民居 【民国】

位于围子街道东黄埠村内。砖木结构。是该村布业商号老宅。现存北屋带大门6间,东西长14.3米,南北宽4.7米;西屋带内门5间,南北长10.4米,东西宽4米。大门北向。保存较好。

东黄埠村墓地 【民国】

位于围子街道东黄埠村东北。东西宽15米,南北长50米,面积约750平方米。其西侧显露出灰砂墓室,长3米,宽1.5米。中部有张述堂墓,封土直径3米,高1.5米。墓碑青石质,圆首,西向。碑身高1.68米,宽0.65米,厚0.18米。碑阳额饰双龙戏珠纹,边饰回纹,中题"清例贡生、乡饮大宾述堂张公暨配徐孺人之墓",上款题"中华民国八年十月谷旦,阖学仝拜",下款为立石子孙题名。碑阴额饰双草龙捧寿纹,有碑文,尾署"清廪贡生世谊夏焕文拜撰并书"。东侧有张安邦墓,封土直径3米,高1.5米。墓碑青石质,圆首。碑身长1.8米,宽0.69米,厚0.18米。碑阳向上,额及两边饰双龙戏珠纹,中题"前清敕旌节孝安邦张公讳延稳配官孺人之墓",上款题"中华民国三年岁次□寅",下款为立石子孙题名。保存一般。

西黄埠村天主堂 【民国】

位于围子街道西黄埠村内。砖木结构。院落南北长54米，东西宽21.4米。现存大堂1座，南北长29.4米，东西宽6米，高12米。大堂北侧平房8间，东西长21.4米，南北宽7.2米。西侧有平房3间，东西长3米，南北宽4.4米。南侧有大门1座，大门两侧有南屋7间。大堂仿照益都大教堂建设，建成于1919年，具有典型的法国风格。其附属建筑则以中式为主，部分门窗采用西式风格。近年数次修缮，保存较好。已公布为潍坊市文物保护单位。

姚家郜村烈士碑 【民国】

位于围子街道姚家郜村东。青石质,圆首,西向。碑身高1.8米,宽0.7米,厚0.2米。碑阳额及两边饰双龙戏珠纹,下边饰海水纹,中题"永垂千古"4个大字,上款题"一九四七年中秋遇难烈士纪念碑",下款题"民国三十七年十二月本村农救会、妇救会、自卫团暨全村村民立"。碑阴有碑文,记载烈士遇难事件及遇难群众姓名。保存较好。

饮马镇

昌南县政府礼堂 【现代】

位于饮马镇饮马西北村西。砖混结构。南北长34米,东西宽16.5米,高约12米。正门南向,明柱4根。建成于1956年,后改做影剧院。保存较好。

山阳村防空洞 【现代】

位于饮马镇山阳村西博陆山上。共有2处,山顶1处,山腰1处。入口均为东向,洞内直径约2米,全长皆约80米。1965年开始修建,1966年竣工。保存完好。

兴会庄子村王氏家庙 【民国】

位于饮马镇兴会庄子村内。砖木结构。现存正厅5间,东西长13.3米,南北宽4.8米;大门带耳房5间,东西长13.3米,南北宽4.7米。保存较好。

兴会庄子村民居1号 【民国】

位于饮马镇兴会庄子村内。砖木结构。现存北屋10间,东西长33.5米,南北宽5米;南屋带车门10间,东西长33.5米,南北宽4米;东西厢房各3间,长7.1米。保存较好。

兴会庄子村民居2号 【民国】

位于饮马镇兴会庄子村内。砖木结构。为民国时期昌邑南乡乡长王金第故居。现存北屋5间,东西长15.8米,南北宽4.8米;东厢房带大门4间,南北长10.7米,东西宽4米;西厢房3间,南北长7.5米,东西宽4米。保存较好。

饮马烈士祠 【现代】

位于饮马镇饮马村西南1千米。砖混结构。南北长195米，东西宽100米，占地29.25亩，建筑面积244平方米，有烈士祠5间、东厢房3间、西厢房3间、革命烈士纪念碑1幢、大门1座。是埋葬、纪念解放战争时期在"胶河战役"岈山、丈岭、塔耳堡、山阳、三合山等战场牺牲的革命烈士为主体的烈士祠堂。建成于1956年3月31日，命名为"昌南县饮马烈士祠"。同年4月，昌南、昌邑两县合并后，改称"昌邑县饮马烈士祠"。祠堂中悬挂着526名烈士英名谱及于培绪、卢志英、王锐烈士遗像。祠堂后为烈士陵园，有烈士墓718座，领导"饮马暴动"而牺牲的著名烈士于培绪、黄复兴、黄世五也安葬于此。四周建有围墙，院内遍植柏树。保存完好。已公布为昌邑市文物保护单位。

北孟镇

曹戈庄村石桥 【现代】

位于北孟镇曹戈庄村南50米。南北长4米,东西宽3.6米,平板双孔,桥面铺有碑刻12幢,均为青石质。北桥洞由东至西可识别的有:曹书田妻刘氏节孝碑、曹经卫暨配王氏墓碑、刘与瑞暨配曲氏墓碑、□勤修暨配王氏墓碑。南桥洞由东至西可识别的有:□大成暨配孙氏墓碑、曹克复妻曲氏节孝碑、□奉五暨配李氏墓碑、曲氏墓碑、□尚德暨配房氏墓碑。兴建于20世纪50年代。保存较好。

北孟一村刘瀛海墓 【民国】

位于北孟镇北孟一村西北200米。封土底径3米,高1.5米。墓碑青石质,方首,西南向。碑身高1.79米,宽0.73米,厚0.23米。碑阳有碑文,上款题"清郡廪生次和刘先生教思碑",尾署"北京中国大学法科毕业、现任山东省议会议员、同邑受业董玉璋谨撰,陆军第二十二师二十四旅四十七团第二营营长、高密受业魏奎武敬书,中华民国十四年夏历十月谷旦"。碑阴为门生题名。保存较好。

北孟一村民居 【民国】

位于北孟镇北孟一村内。砖木结构。现存北屋5间,东西长12.5米,南北宽5米;东厢房3间,南北长8.6米。保存较好。

大南孟村石桥 【现代】

位于北孟镇大南孟村西南200米。砖石结构。两孔,东西长4.1米,南北宽3.7米。桥面铺有碑刻9幢,均为青石质。可识别的有吴中岳妻刘氏节孝碑、吴友三妻杨氏节孝碑。桥南侧石边上刻有"利民桥,一九六五年公历五月二十六日建"。保存较好。

后周家七沟村拦水坝 【现代】

位于北孟镇后周家七沟村西。砖石结构。南北长25米,东西宽11米。坝身用水泥塑有"学习愚公、征服自然,1966.5.1"等字。保存较好。

九龙屯村英风千古碑 【民国】

位于北孟镇九龙屯村东南公墓内。青石质，方首，西南向。碑身高1.84米，宽0.74米，厚0.24米。碑阳中题"英风千古"4个大字，上款题"昌邑第七区联庄会会勇五人同日死难之碑"，下款题"中华民国二十一年十月谷旦，昌邑第七区区乡镇长绅民公立"。碑阴有碑文，首题"五人同日□□□铭"。近年新址重立。保存较好。

九龙屯村民居 【民国】

位于北孟镇九龙屯村。砖木结构。现存北屋5间，东西长16.5米，南北宽5.5米；西屋带大门4间，南北长12米，东西宽4.1米；大门宽3.2米。保存较好。

李家埠村水库桥 【现代】

位于北孟镇李家埠村北500米。砖石结构。建成于20世纪60年代。桥面长37米，宽5米，共有10个拱形桥洞。保存较好。

麻姑庄村学堂旧址 【民国】

位于北孟镇麻姑庄村中。砖木结构。现存北屋6间，东西长17.5米，南北宽5.5米。东、西、北三面青砖墙体，前墙砖座窗，东西山为纱帽形斜檐，檐角饰有砖雕。保存较好。

万和屯村民居 【民国】

位于北孟镇万和屯村。砖木结构。现存北屋5间，东西长13.66米，南北宽5.36米。保存较好。

马家庙子村水坝 【现代】

位于北孟镇马家庙子村东50米。砖石结构。南北长21米，东西宽5.2米，建成于20世纪50年代。其过水涵洞用清代、民国碑刻6幢铺就，均为青石质。分别为：□圣传暨配曲氏墓碑、姜可利妻节孝碑、刘东堂暨配曲氏墓碑、邢氏节孝碑、朱怀让墓碑、朱公暨配李氏墓碑。保存一般。

朱阳前村东悦来酒店旧址 【民国】

位于北孟镇朱阳前村。砖木结构。现存北屋5间，南北长16.5米，东西宽4.8米；西屋带大门5间，南北长14.6米，东西宽4米。保存较好。

朱阳前村三合里商号老宅1号　　　　　　　　　朱阳前村三合里商号老宅2号

朱阳前村三合里商号老宅 【民国】

位于北孟镇朱阳前村内。共有3处，均为砖木结构。1号院落，现存北屋6间，东西长17.7米，南北宽5.1米；东屋南北长9.7米，东西宽4.4米。2号院落，现存正厅7间，东西长21米，南北宽4.8米；西屋带大门南北长15.51米，东西宽4.4米。3号院落，现存正厅5间，东西长14.1米，南北宽4.8米。保存一般。

石埠经济发展区

东金台村民居 【民国】

位于石埠经济发展区东金台村东侧。砖木结构。现存正厅5间，东西长13米，南北宽5米。前出厦，明柱4根。前后均有4窗1门。东西间上部有阁楼，前有气窗各一，东西山墙有山窗各一。保存较好。

流一村裕丰桥 【民国】

位于石埠经济发展区流一村东南。砖石结构。长10.3米，宽5.3米，共有3孔。桥墩石砌，桥体青砖砌。桥侧嵌立石碑，上刻"裕丰桥"3字，已漫漶。保存一般。

明家庄村民居 【民国】

位于石埠经济发展区明家庄村内。砖木结构。现存北屋5间，东西长13.3米，南北宽5米。外墙青砖包皮，正面砖座窗。东西厢房各3间，均长6米，宽4.8米。大门东向，宽3米，纵深4.8米，内为拱形。保存较好。

石埠西村防空洞 【现代】

位于石埠经济发展区石埠西村西南30米牛头埠西侧。钢混结构。南北贯穿牛头埠，长约90米，宽1.8米。建成于1965年。保存完好。

西郭家庄村石桥 【民国】

位于石埠经济发展区西郭家庄村东南。桥面宽3米，长8米，用长条石铺就。保存一般。

葛庄村石桥 【现代】

位于石埠经济发展区葛庄村内。东西宽4.2米，南北长6.6米，共有3孔。东侧涵洞上方刻有"公历一九五一年春建"，其下方尚有3个大字，应为桥名，早年凿毁。桥面铺有碑刻12幢，均为青石质。可识别的有：黄恕长墓碑，长1.7米，宽0.68米。碑阴向上，额饰团寿纹，两边饰回纹，有碑文。黄志亮墓碑，长1.9米，宽0.8米。碑阴向上，额饰五蝠捧寿纹，两边饰回纹，有碑文。黄景辙墓碑，长1.9米，宽0.8米。碑阴向上，额饰天主教教徽图案，两边饰花草缠枝纹，有碑文，尾署"潍邑附贡生愚表侄孙王寰顿首拜撰"。保存一般。

贾家庄村胶莱河大桥 【现代】

位于石埠经济发展区贾家庄村西胶莱河河面上。砖混结构。东西长150米，南北宽6.8米，共有6个大拱，25个小拱。建成于20世纪60年代。保存较好。

沟崖村民居1号

下营镇

沟崖村民居 【民国】

位于下营镇沟崖村。共有4处，均为砖木结构。1号民居，现存北屋5间，东西长14.4米，南北宽4.9米；南屋带大门2间，东西长14.4米，南北宽4.06米；东厢房2间，长5.1米，南山墙外侧有砖雕影壁。2号民居，现存北屋5间，东西长15米，南北宽4.8米；西厢房带车门3间，南北长6.8米，东西宽4.2米。3号民居，现存北屋5间，东西长15米，南北宽4.8米；西厢房带车门3间，南北长6.8米，东西宽4.2米。4号民居，现存北屋5间，东西长15米，南北宽4.8米。保存较好。

沟崖村民居2号

沟崖村民居3号

火道村李福泽故居 【民国】

位于下营镇火道村内。砖木结构。东院现存北屋5间,东西长15.2米,南北宽5.2米;大门1座。西院现存北屋5间,东西长13.4米,南北宽5.2米;东厢房3间,大门1座。保存较好。

李福泽(1914~1996),火道村人历任国防科工委副主任兼第二十训练基地司令员,直接领导和见证了我国国防尖端技术事业的发展,是我国基地导弹武器和卫星发射试验的开拓者和奠基人之一。1955年被授予少将军衔。

西下营村下营海关衙署 【民国】

位于下营镇西下营村南。砖木结构。是民国时期下营海关衙署。现存正厅3间,东西长14.4米,南北宽5.35米。保存较好。

后记
POSTSCRIPT

　　为了综合展示昌邑市第三次全国文物普查实地调查的丰硕成果，传承先人留存下来的珍贵文化遗产，营造全社会保护文物、爱护文化遗产的风尚，昌邑市博物馆倾注全力，利用一年多的时间，整理编纂了《昌邑古迹通览》一书。

　　普查与出版工作得到了山东省文物局、山东省文物考古研究所、潍坊市文化局、昌邑市委、昌邑市政府、各乡镇街区、各有关单位以及社会各界的高度重视、关怀和支持。学界友人高耀光先生、陕西师范大学郭长波同学先后协助调查，创获颇丰；北京大学严文明教授、李伯谦教授、李水城教授，山东省文物局由少平副局长、山东省文物考古研究所郑同修所长、王守功副所长、何德亮研究员先后给予亲切指导，答问辨疑；山东省文化厅副厅长、省文物局局长谢治秀，昌邑市委书记、市人大常委会主任马跃启于百忙之中拨冗赐序，良多嘉勉；科学出版社文物考古分社编辑刘能女士对书稿做了认真审校，锦上增色。值此付梓之际，一并表示衷心感谢！

　　由于水平所限，舛误阙漏在所难免，敬请读者指正。

编　者
二〇一二年三月